中小企業必携
労務対応マニュアル

リソルテ総合法律事務所 編著

清文社

はしがき

　昨今、社会は目まぐるしく変化しており、法律が適用されるさまざまな局面において、旧来からのやり方、考え方が時代遅れの様相を呈するようになりました。こと労務分野に関しては、法令の制定や改正はその速度、質、量のすべての面で他の分野を凌駕しており、会社の労務管理の重要性も増すばかりです。会社としては、つねに最新の労働法制のあり方、労務問題についての対応の仕方について関心を払い、いつ問題が起きても冷静かつ適切に対応できるように準備をしておくことが求められているといえます。

　本書は、このような状況を踏まえたうえで、労務分野において会社が遭遇しうる各種の問題について、リソルテ総合法律事務所に所属する新進気鋭の弁護士たちが問題解決のための指針を全編にわたって書き下ろしたものです。

　もっとも、現実に発生する法律問題や紛争は相当に複雑であり、また、一つとして同じ事案はないといえるほど多種多様ですので、残念ながら、書籍を参照するだけで画一的な解決が可能であるということはありません。

　そこで、本書は、会社の経営陣が弁護士に相談に行く前に、最低限の内容や対応方針を把握できるような書籍にすることを目標としました。そのため、厳密な法解釈理論よりも実務的な対応方針のほうに重点を置いて執筆しています。正面から回答することに苦慮するような問題もありますが、そのような問題についても、なるべく問題解決のためのヒントを提供できるように、執筆者間で議論を交わして回答を作成しました。

　リソルテ総合法律事務所は、所属弁護士全員が幅広い案件への対応力をそなえつつ、それぞれに異なる専門分野を持っているという特徴を有する事務所です。本書の執筆は、このような当事務所の特徴が存分に活かされた成果であり、本書を利用される読者の方々に少しでもお役に立つことができれば幸いです。

最後に、本書の執筆企画の立案にご助力いただいたダンコンサルティング株式会社の村上聡氏、そして、原稿作成から編集まで一貫してご指導いただいた清文社の森川栄一氏、杉山七恵氏に心より御礼を申し上げます。

2018年1月

　　　　　　　　　　　　　　執筆者を代表して　　弁護士　今村　哲
　　　　　　　　　　　　　　　　　　　　　　　　弁護士　松田　浩明
　　　　　　　　　　　　　　　　　　　　　　　　弁護士　山口　智寛
　　　　　　　　　　　　　　　　　　　　　　　　弁護士　櫻庭　知宏

中小企業必携　労務対応マニュアル
［目 次］

はしがき

凡　例

第1章　従業員の雇用

採用、内定　　2

Q1 採用面接における質問 ————————————————— 2
1. 採用選考時に配慮すべき事項　2
2. 採用面接の際の質問事項　3
3. 採用面接の実施の際の留意点　5

Q2 内定者の入社時期直前の内定辞退 ——————————— 7
1. 採用内定の法的性質　7
2. ご質問についての検討　8

Q3 内定取消し（内定者側の事情による場合） ——————— 12
1. 会社はどのような場合に内定を取り消すことができるか　12
2. ご質問のケースの検討　13

Q4 内定取消し（会社側の事情による場合） ——————— 17
1. 会社は内定後の経営悪化により内定を取り消すことができるか　17
2. ご質問のケースの検討　18

試用期間　20

Q5 試用期間経過後の本採用拒否 ————————————————20
1. 試用および本採用拒否の法的性質　20
2. 留保解約権行使の適法性　21
3. ご質問のケースの検討　21

労働契約　24

Q6 外国人を雇用する際のポイント ————————————————24
1. 就労資格の有無・内容の確認　24
2. 留学生を採用する場合の注意点　25
3. 雇入れ手続きのポイント　26
4. 雇入れ後の法令の適用　26
5. 労働保険・社会保険等の取扱い　27

Q7 未成年者を雇用する際の注意点 ————————————————28
1. 労働契約の締結　28
2. 最低年齢　29
3. 証明書等の備え付け　29
4. 労働時間および休日　29
5. 賃金支払い時　30
6. 危険有害業務への就業制限　30
7. 退職時　31

Q8 高齢者の継続雇用 ————————————————32
1. 再雇用基準をもうけて、希望者のなかでも基準を満たした者のみを再雇用することは可能か（Qの❶）　32
2. 年次有給休暇の要件について、再雇用以降の期間のみを根拠に計算することは可能か（Qの❷）　35
3. 労働契約ではなく業務委託契約を締結して対象者に業務に従事してもらうことは可能か（Qの❸）　36

Q9 派遣労働者の受け入れ —————————————————— 38
1. 派遣労働の仕組み　38
2. 派遣社員にも他の従業員と同様の秘密保持誓約書を提出してもらうことは可能か（Qの❶）　39
3. 当該女性従業員が復帰しないで退職した場合に、派遣社員を正社員として雇用することは可能か（Qの❷）　40

第2章　労働条件

賃金、賞与、退職金　44

Q10 賃金からの控除 —————————————————— 44
1. 賃金全額払いの原則（労働基準法24①本文）　45
2. 賃金全額払いの原則からくる相殺の禁止　45
3. 賃金全額払いの原則の例外（賃金控除の書面協定）　46
4. 合意相殺　47

Q11 年俸制における賃金の取扱い —————————————— 50
1. 年俸の減給　50
2. 年俸制と残業代　51
3. 年俸制と遅刻・欠勤　51

Q12 賃金格差 ————————————————————— 53
1. 労働契約法20条について　53
2. 各種手当や退職金の支給の有無の差異は不合理か　54
3. 各種手当や退職金の支給の有無の差異が不合理である場合の対応　54

Q13 残業代の支給対象者、消滅時効 ————————————— 57
1. 管理監督者　57
2. 具体的な考慮要素　58
3. 役職手当等の残業代への充当の可否　59
4. 賃金請求権の時効　60

5 ご質問のケースの検討　60

Q14 残業代の定額支給 ────────────────── 62
　　1 残業と時間外労働　62
　　2 時間外労働等の割増賃金の計算（その1）──法定の割増率
　　　（労働基準法37①、労基則20、割増賃金令）　63
　　3 時間外労働等の割増賃金の計算（その2）──割増賃金の計算
　　　基礎から除外できる賃金（労働基準法37⑤、労基則21）　64
　　4 残業代定額支給の可否と限界　64

Q15 退職金の取扱い ────────────────── 68
　　1 退職金の法的性格　68
　　2 賃金としての性格を有する退職金の範囲　69
　　3 労使慣行により退職金支給が必要になる場合──どのような場合に
　　　退職金支給の労使慣行が認められるか　69
　　4 退職金の不支給　71

労働時間、休暇　73

Q16 どのような時間が「労働時間」に該当するのか ──── 73
　　1 「労働時間」とは　73
　　2 「労働時間」該当性の基準　74
　　3 ご質問についての検討　75

Q17 労働時間の管理方法 ──────────────── 78
　　1 従業員の労働時間を把握する義務について　78
　　2 労働時間の管理方法　79
　　3 ご質問についての検討　79

Q18 有給休暇申請の拒絶が可能な場合はあるか ───── 84
　　1 有給休暇の取得について　84
　　2 有給休暇申請を会社が拒絶することは可能か　85
　　3 ご質問についての検討　85

Q19 未消化の有給休暇の処理 ────────────── 88
　　1 有給休暇の繰越し（Qの❶）　88

2 有給休暇の買取り（Qの❷）　89
Q20 労働条件の変更 ────────────── 91
　1 労働者の個別の同意を得る方法　91
　2 就業規則変更による方法　93
　3 労働協約による方法　95

第3章 人　事

配転、出向、転籍　100

Q21 転勤・配置転換を命じる際の注意点 ────── 100
　1 配　転　100
　2 配転命令権の法的根拠　101
　3 配転命令権の限界　101
　4 勤務地を変更する配転（転勤）　102
　5 職種・職務内容を変更する配転（配置転換）　103

Q22 降格、降級を行う際の注意点 ──────── 105
　1 職位の引下げ　105
　2 降格の法的根拠　106
　3 降格の限界　108

Q23 出向命令の限界と出向中の法律関係 ────── 110
　1 出　向　110
　2 出向命令権の根拠　111
　3 出向命令権の限界　112
　4 出向中の労働条件　112

Q24 事業譲渡に伴う転籍 ──────────── 114
　1 事業譲渡をするとなぜ転籍が問題となるのか　114
　2 事業を分ける方法　114
　3 転籍と従業員の同意　115

- **4** 事業譲渡と転籍 115
- **5** 転籍と労働条件の変更 116
- **6** 転籍に応じない場合の解雇 116

懲　戒　118

Q25 懲戒処分の種類、手続き ──────── 118
- **1** 懲戒処分の種類（Qの❶） 119
- **2** 懲戒処分のルール（Qの❷❸） 120
- **3** 懲戒処分が決定するまでの間の自宅待機（Qの❹） 123

Q26 セクハラを行った従業員に対する懲戒処分 ──────── 126
- **1** 懲戒処分について 126
- **2** 懲戒処分を検討する場合の一般的注意点 127
- **3** セクハラをした従業員に対する懲戒処分について 128

Q27 会社外部の事情による懲戒（私生活上の非行行為）──────── 131
- **1** 従業員の私生活上の非行を理由とする懲戒処分の可否 131
- **2** 懲戒処分を検討する際の注意点 132
- **3** ご質問についての検討 133

第4章 就業規則

Q28 就業規則の作成義務、記載事項、届出、周知 ──────── 138
- **1** 就業規則（労働基準法89） 139
- **2** 就業規則の記載事項（Qの❷） 140
- **3** 従業員代表からの意見聴取（Qの❸） 141
- **4** 就業規則の届出と周知（Qの❹） 142

Q29 就業規則の効力 ──────── 144
- **1** どのような場合に問題が生じるか 144
- **2** 労働条件や職場規律を規定するものは何か 145
- **3** 就業規則等と異なる取扱い 145

- 4 労使慣行の認められる要件　146
- 5 労使慣行の果たす機能　146
- 6 労使慣行の例　147

Q30 就業規則による従業員の行為の制限――――148
- 1 従業員の職務専念義務とその限界　148
- 2 ご質問についての検討　149

第5章 職場秩序

役員の問題行為　154

Q31 取締役の競業行為――――154
- 1 取締役の競業禁止　155
- 2 競業の準備行為と従業員の引抜き行為　155
- 3 営業秘密を漏らす行為　155
- 4 取締役の解任（Qの❶）　156
- 5 取締役への損害賠償請求（Qの❷）　156
- 6 未払報酬の支払い（Qの❸）　157
- 7 退職慰労金の支払い（Qの❸）　157

Q32 取締役の問題行為――――159
- 1 取締役と従業員の立場の違い　159
- 2 取締役の負う法的責任　160
- 3 取締役の問題行為に対する会社としての対応　162
- 4 ご質問のケースへの対応　164

社員の問題行為　167

Q33 PCからの情報漏洩――――167
- 1 調査とプライバシー　167
- 2 メール送受信歴の調査（Qの❶）　168

- **3** 従業員に私物の提出を求めることが許される場合（Qの❷） 168
  - **4** 所持品検査が許される場合 169
  - **5** 検査を必要とする合理的な理由（情報の秘密管理性） 170

Q34 PC、インターネットに関する問題 ─────── 171
  - **1** 業務時間中の株取引やネットゲーム（Qの❶） 171
  - **2** SNS上での会社や上司・同僚への誹謗中傷（Qの❷） 172
  - **3** 対処の方向性3態 173
  - **4** 懲戒処分 174

Q35 売上金や経費の着服・備品の無断持ち出し ─────── 175
  - **1** 従業員の違法行為について 175
  - **2** 売上金・接待費の着服行為への対処について（Qの❶❷） 176
  - **3** 備品の私物化への対処について（Qの❸） 178

Q36 私生活上のトラブルで業務運営に支障 ─────── 180
  - **1** 従業員の私生活上のトラブルへの対応 180
  - **2** 従業員のSNS上の書き込みが原因で会社にクレームが殺到した場合（Qの❶） 181
  - **3** 従業員の元交際相手の女性がストーカー化して執拗に会社に連絡をしてきた場合（Qの❷） 183

メンタルヘルス、ハラスメント　187

Q37 メンタル不全の従業員への対応 ─────── 187
  - **1** 休職制度について 187
  - **2** 傷病休職期間中の賃金について 188
  - **3** 復職の際に注意すべきこと 188
  - **4** ご質問についての検討 189

Q38 セクハラ防止のためにとるべき対策 ─────── 192
  - **1** セクハラの定義について 192
  - **2** セクハラに関する会社の義務および責任 193
  - **3** ご質問についての検討 193

Q39 パワハラ防止のための留意点 ——————————196
  1 パワハラの定義について　196
  2 パワハラに関する会社の義務および責任　197
  3 ご質問についての検討　197

Q40 マタハラ ——————————————————200
  1 マタハラとは　200
  2 マタハラに関する規制の状況　201
  3 不利益取扱いの禁止　202
  4 事業者がとるべき防止措置　205

第6章　福利厚生・安全衛生・労働災害

Q41 従業員持株制度 ——————————————210
  1 従業員持株会とは　210
  2 従業員側から見たメリット　211
  3 会社側から見たメリット　211
  4 従業員側から見たデメリット　212
  5 会社側から見たデメリット　212
  6 従業員持株会のその他の問題（主として株式譲渡制限会社の場合）　212

Q42 従業員に怪我・病気が発生した場合の労災保険の適用 ——215
  1 労災保険について　215
  2 業務災害　216
  3 通勤災害　218

Q43 石綿が用いられた工事現場で就労した従業員の発病 ————220
  1 石綿（アスベスト）　220
  2 会社が負う法的責任　221
  3 安全配慮義務　222
  4 消滅時効　224

Q44 過労による従業員の自殺 ──── 225
  1 過労自殺　225
  2 安全配慮義務違反　226

第7章　労働契約の終了

退職　232

Q45 従業員からの退職申入れの拒絶 ──── 232
  1 労働契約の終了事由　232
  2 辞職の内容　233
  3 法律の規制と就業規則　233
  4 損害賠償　234
  5 ご質問のケースへの回答　234

Q46 同業種企業への転職禁止規定に反した転職 ──── 236
  1 競業避止義務　236
  2 競業避止義務の定めの合理性　236
  3 競業避止義務違反の場合に会社のとりうる措置　237
  4 各措置についての最近の傾向　239
  5 ご質問のケースへの回答　240

Q47 退職勧奨 ──── 241
  1 退職勧奨とは　241
  2 退職勧奨はどのような場合に実施できるか　241
  3 退職勧奨行為の留意点　242
  4 退職勧奨に応じなかった者への対応　243

雇止め　244

Q48 有期労働契約の契約更新拒否 ──── 244
  1 期間の定めのない雇用契約と期間の定めのある雇用契約　244

- **2** 解雇に関する規制と雇止めに関する問題　245
- **3** 本問の「1年ごとに4年間更新してきた」事実と雇止め法理　247
- **4** 本問の「勤務態度が著しく悪い」という事実と雇止め法理　248

解　雇　249

Q49 解雇（従業員としての適格性の欠如：普通解雇） —— 249
- **1** 解雇とは何か　249
- **2** 解雇に関する労働契約法・労働基準法上の規制　249
- **3** 就業規則・労働協約による解雇の規制　250
- **4** 解雇権濫用法理（労働契約法16）　251
- **5** 勤怠不良による解雇（Qの❶）の留意点　252
- **6** 勤務成績不良による解雇（Qの❷）の留意点　254
- **7** 重大な疾病による勤務継続困難による解雇（Qの❸）の留意点　255

Q50 解雇（従業員の規律違反による場合：懲戒解雇） —— 257
- **1** 懲戒処分について　257
- **2** 解雇について　258
- **3** 秘密漏洩による懲戒解雇（Qの❶）の留意点　260
- **4** 悪質なセクハラによる懲戒解雇（Qの❷）の留意点　261

Q51 解雇（会社側の事情による場合：整理解雇） —— 264
- **1** 解雇一般について　264
- **2** 整理解雇の特質　265
- **3** 整理解雇の4要素（あるいは4要件）　265
- **4** 整理解雇の要件か判断要素か　268

Q52 解雇の手続き —— 269
- **1** 解雇の手続きについて知っておくべきこと　269
- **2** 労働基準法20条による解雇の予告または解雇予告手当支払い　269
- **3** 労働基準法22条による解雇理由の証明　271
- **4** 労働協約による解雇同意約款等に基づく手続き　272

第8章 労働紛争対応

Q53 団体交渉への対応 ──────────────── 274
   1 団体交渉の法的取扱い（Qの❶）　274
   2 団体交渉の使用者側の主体（Qの❷）　275
   3 交渉の日時・場所・時間の設定（Qの❸）　276
   4 団体交渉中の録音（Qの❹）　276
   5 交渉の打切り（Qの❺）　277

Q54 労働基準監督署、労働委員会、裁判所への対応 ──────────── 278
   1 労働委員会　278
   2 裁判所　280
   3 労働基準監督署　281

凡　例

◆法律名略称
　　高年法……………高年齢者雇用安定法（高年齢者等の雇用の安定等に関する法律）
　　雇対規……………雇用対策法施行規則
　　入管法……………出入国管理及び難民認定法
　　労基則……………労働基準法施行規則
　　労災保険法………労働者災害補償保険法

◆厚生労働省労働基準局の通達の略称
　　基発………………厚生労働省労働基準局局長が各都道府県労働局長宛に発した通達
　　基収………………厚生労働省労働基準局局長が、各都道府県労働局長からの法令の解釈の
　　　　　　　　　　問い合わせに答えて発した通達
　　発基………………厚生労働省労働基準局事務次官が各都道府県労働局長宛に発した通達
　　雇児発……………厚生労働省雇用均等・児童家庭局長が発した通達
　　地労委命…………地方労働委員会命令

◆判例略称
　　高決………………高等裁判所決定
　　高判………………高等裁判所判決
　　最決………………最高裁判所決定
　　最判………………最高裁判所判決
　　最大判……………最高裁判所大法廷判決
　　大決………………大審院決定
　　大判………………大審院判決
　　地判………………地方裁判所判決
　　東京高判…………東京高等裁判所判決
　　●●地△△支判…●●地方裁判所△△支部判決

◆カッコ書においては、下記例の略語を用いた。
　　覚せい剤取締法41の3①………覚せい剤取締法第41の3条第1項第一号

＊本書の内容は、平成30年1月1日現在の法令通達による。

第 1 章

従業員の雇用

採用、内定

Q1 採用面接における質問

当社は、できる限り良い人材を採用するために、採用面接ではできる限り詳細な質問をする方針です。どのような事項について、どの程度までなら、質問してよいものでしょうか。

A

採用面接では、応募者の適正や能力と関係する事項に限定して質問するように注意しましょう。これらと関係のない事項、本来的に本人の自由であるべき事項については、質問することは許されません。

1 採用選考時に配慮すべき事項

　会社が応募者を採用選考するにあたっては、応募者の適正・能力のみを基準として選考すること、および応募者の基本的人権を尊重することが大切です。
　このようなことから、職業安定法5条の4第1項本文は、求職者の個人情報の取扱いについて「その業務の目的の達成に必要な範囲内で求職者等の個人情報を収集し、並びに当該収集の目的の範囲内でこれを保管し、及び使用しなければならない。」と定めています。さらに、この規定に基づき、平成11年11月17日労働省告示141号は、より具体的に、求職者から収集すべきでない情報を規定しています。
　これらを踏まえると、採用選考時には、次の①や②のような、適性と能力に関係がない事項を応募用紙等に記載させたり、面接で尋ねて探ったりする

ことや、③を実施することは、避けるべきです。

①本人に責任のない事項の把握
・　本籍、出生地に関すること 　＊「戸籍謄（抄）本」や本籍が記載された「住民票（写し）」を提出させることはこれに該当します。 ・　家族に関すること（職業、続柄、健康、地位、学歴、収入、資産など） 　＊　家族の仕事の有無・職種・勤務先などや家族構成はこれに該当します。 ・　住宅状況に関すること（間取り、部屋数、住宅の種類、近郊の施設など） ・　生活環境・家庭環境などに関すること

②本来自由であるべき事項（思想信条に関わること）の把握
・　宗教に関すること ・　支持政党に関すること ・　人生観、生活信条に関すること ・　尊敬する人物に関すること ・　思想に関すること ・　労働組合に関する情報（加入状況や活動歴など）、学生運動など社会運動に関すること ・　購読新聞・雑誌・愛読書などに関すること

③採用選考の方法
・　身元調査などの実施（注：「現住所の略図」を提出させるのは身元調査につながる可能性があります） ・　合理的・客観的に必要性が認められない採用選考時の健康診断の実施

2　採用面接の際の質問事項

採用面接は、応募者の受け答えや反応の仕方からその適正と能力を総合的

に判断する場であるとともに、応募者の志望動機や要望、会社の採用条件・労働条件など、お互いの意思疎通を図る情報交換の場でもあります。会社側にとっても応募者側にとっても、採用選考の過程のなかで最も重要なプロセスであるといえます。

このため、会社としては、できる限り良い人材を採用するために、さまざまな角度から質問をしたいと考えるのも、もっともなことです。また、応募者の真の姿に迫るためにあえて意表を突いた質問をしたり、緊張感を和らげるためにあえて身近な事項に話を向けたりすることもあるでしょう。

しかし、これは、応募者の側からすると「なぜこのようなことを聞かれなければならないのか」と違和感や不快感を抱く可能性が高いということでもあります。最近は特に個人の権利意識が高まっていて、面接時に受ける質問内容に対する応募者の反応も敏感になっているので、質問をする会社側としても十分に配慮する必要があります。いきすぎた質問をして、それが応募者の人格権を侵害する不法行為にあたると評価された場合(評価に争いがある場合は裁判で決着をつけることになるでしょう)、会社は応募者に対して損害賠償をしなければならなくなります。

以下、具体的にどのような質問、発言が問題となるのかを見てみましょう。

1）名誉毀損、侮辱的発言、暴言

刑法上の名誉毀損罪（刑法230）や侮辱罪（刑法231）にあたるような発言が許されないのはもちろん、それに至らないまでも、応募者の人格権を侵害する発言は、違法（民法709条の不法行為）となります。

たとえば、応募者の能力や適正の判断とまったく関係がないような人格否定発言や侮辱的発言、人種、性別、宗教、出自等に対する差別的、蔑視的発言は、面接の目的上必要とは考えられず、違法となると考えられます。

また、暴言、威嚇、揶揄といった類いの発言が、社会通念上許容される範囲を超えて、あえて応募者の人格を傷つける趣旨でなされた場合には、やはり面接の目的からしても不要なものであり、違法となりえます。

2) 思想・信条、宗教

　思想・信条や宗教、支持する政党、人生観などは、信教の自由、思想・信条の自由など、憲法で保障されている個人の自由権に属することがらです。それを採用選考に持ち込むことは、基本的人権を侵すことにつながりかねないので、厳に慎むべきです。

　思想・信条、宗教などについて直接質問する場合のほか、形を変えた質問、たとえば、社会活動への参加経験を尋ねたり、購読している新聞の種類を尋ねたりすることで間接的に思想・信条、宗教等を把握しようとすることも、違法となりえます。

3) セクハラ

　業務とまったく関係がないにもかかわらず異性関係について詮索するような質問をしたり、容姿・身体的特徴に関する性的な質問を行ったりすることは、違法になる可能性があります。

　また、女性の応募者に対して面接時に婚姻の有無を尋ね、既婚であることを理由に不採用とした場合には、違法な採用差別として不法行為が成立し、その応募者に対して損害賠償責任を負わなくてはならなくなる可能性があります。

3 採用面接の実施の際の留意点

　冒頭で述べたとおり、採用選考にあたっては、応募者の適正・能力のみを基準として選考すること、および応募者の基本的人権を尊重することが大切です。このことを踏まえて、採用面接を実施するにあたっては、以下のような準備をするようにしましょう。

- 応募者に対して公平な対応ができるように、あらかじめ質問事項を決めておく。
- その際に、質問すべきでない事項は避け、応募者の適正と能力を判断するのに必要な事項に限定するようにする。
- 質問事項や質問を行ううえでの留意点について、面接担当者の間でしっ

かりと意識を共有し、確認をする。

　ところで、会社側が質問しないのに、他の質問に関連して、応募者のほうから、本来、会社が聞くべきではないプライベートな情報について話し始めるケースがあります。このようなときは、会社側から応募者に対して質問の趣旨を説明するとともに、面接の目的と関係のない事項については回答する必要がないことを告げたうえで、面接を続けるようにすることが肝要です。

（山口　智寛）

Q2 内定者の入社時期直前の内定辞退

当社が採用内定を出していた者が、入社時期の直前になって内定を辞退し、別の会社に就職してしまいました。辞退者に対して、以下のような対応をとることはできるでしょうか。

❶ 内定辞退を拒絶し、入社手続きを進める。
❷ 内定辞退者に対して損害賠償を請求する。
❸ 内定辞退者に対してすでに実施した入社前研修の費用を請求する。

A 内定者の内定辞退は原則として自由であり、会社側としてはいずれの対応をとることも困難です。

1 採用内定の法的性質

　従業員は会社と労働契約を締結しており、従業員に関する紛争についてさまざまな労働関係法規が適用されるというのは理解できるところだと思います。それでは、まだ会社に入社していない内定者については、どのように考えればよいのでしょうか。内定辞退者に対する会社の対応を検討する前提として、まず、採用内定が法的にどのような意味を持つのかを把握しておく必要があります。

　会社が大学卒業見込者を採用する場合、募集、学生の応募、採用面接の実施、会社による採用内定通知書の送付と採用内定者からの誓約書・身元保証書等の提出、採用内定者の卒業を経ての入社式、辞令交付、就労開始、試用期間を経て、本採用に至るというのが通常です。また、中途採用の場合も、一部を簡略化しつつも基本的には上記と類似の過程をたどります。このような従業員の採用に至る一連のプロセスのなかで、採用内定は、法律的にどのような意味を持つのでしょうか。

　従来からさまざまな考え方がありますが、裁判実務上は、採用内定によっ

て「始期付解約権留保付の労働契約」が成立すると解釈されています（大日本印刷事件・最判昭和54年7月20日ほか）。

すなわち、会社による募集が「契約申込みの誘引」、応募者からの応募が「契約の申込み」、採用内定が「契約申込みに対する承諾」にあたり、採用内定通知を発した段階で労働契約が成立すると考えるのです。ただ、その労働契約は、4月1日から就労が開始されるという意味で、「始期」があります。また、卒業できなかった場合や採用内定通知書等に記載されている一定の事由が生じた場合には、会社が解約できることが予定されているので、会社の側の「解約権留保」も付いています。

このように、採用内定の法律的性質は、「始期付解約権留保付の労働契約」であると解釈されています。

2 ご質問についての検討

1）内定辞退を拒絶することはできるか（Qの❶）

慎重に厳選して内定を出した相手に、入社直前に内定を辞退されてしまうと、会社としては、内定辞退によって会社の人事異動の計画が狂ったり、売上目標の達成が困難になったりして困るということがあるでしょう。それでは、内定者が内定を辞退しても、会社は、内定辞退を拒絶し、入社手続きを進めることはできるのでしょうか。

採用内定により労働契約が成立していることを前提にすると、内定者による採用内定の辞退は、社員の退職と同様、労働者からの労働契約の解約の申入れであると考えるべきです。労働者による労働契約の解約については、労働基準法等の労働関係法規による規制はなく、民法の雇用に関する規定に従って処理されることになります。

民法627条1項は「当事者が雇用の期間を定めなかったときは、各当事者は、いつでも解約の申入れをすることができる。この場合において、雇用は、解約の申入れの日から二週間を経過することによって終了する。」としており、契約期間の定めのない労働契約については、労働者はいつでも解約（退

職）でき、解約の申入れの後に2週間を経過すると労働契約が終了するとしています。つまり、退職は労働者の自由であって、いつでも、特別の理由がなくても労働契約を解約することができるということです。

したがって、会社は内定者による内定辞退を拒絶してその効力を否定することはできません。

なお、上記の民法の規定に従うと、会社が内定者の内定辞退に対して何の応答をしなくても、2週間後には自動的に内定辞退の効果が発生することになります。もっとも、上記のとおり、会社は内定者による内定辞退を拒絶してその効力を否定することはできないので、実務上は、内定者の内定辞退の申入れ（労働契約の解約申入れ）を契機として、会社と内定者の合意によりただちに内定の効果を終了させる（労働契約を合意解約する）のが通常です。

2）内定辞退者に対して損害賠償を請求することはできるか（Qの❷）

内定辞退によって採用活動に投下した費用が無駄になるか、あるいは、会社の人事異動の計画が狂い売上に悪い影響が出る可能性がある場合、会社が内定辞退者に対して損害賠償請求をすることはできるでしょうか。

先述のとおり内定を辞退することは内定者の自由ですから、内定辞退により会社の側に何らかの不都合が生じたとしても、そのことに関して内定辞退者の責任を追及することはできません。

したがって、内定者の内定辞退によって会社に損害が発生するか、あるいはその可能性があったとしても、原則として、内定辞退者に対して損害賠償請求をすることはできません。

内定辞退者が会社に損害を与える目的で意図的に入社直前に内定を辞退したなど極めて悪質なケースであれば、内定辞退が不法行為*であるとして、会社から内定辞退者に対して損害賠償請求を行う余地もありますが、この場合でも、会社に発生した損害の内容と金額、さらには、内定辞退行為によって損害が発生したという因果関係が存在することが前提です。一般的にいって、これらの点について裏づけをもって明確に主張・立証することはかなりハードルが高いので、結論としては、内定辞退者に対する損害賠償請求は困

難であるといわざるをえません。

　最近の裁判例（アイガー事件・東京地判平成24年12月28日）でも、採用内定者が入社日の前日に内定辞退を申し入れた事案ですが、内定辞退の申入れが著しく不合理な態様で行われた場合にはあたらないとして、会社からの損害賠償請求が棄却されています。

　　＊　民法709条「故意又は過失によって他人の権利又は法律上保護される利益を侵害した者は、これによって生じた損害を賠償する責任を負う。」に該当する場合。

3）内定辞退者に対して入社前研修の費用を請求することはできるか（Qの❸）

　会社が採用内定者に対してトレーニングや教育の目的で入社前研修を実施した後、内定者が内定を辞退した場合、研修実施に要した費用は無駄になってしまいます。そこで、会社としては、内定辞退者に対して、研修費用の返還を求めたいところです。

　しかし、内定辞退者に対して入社前研修の費用の返還請求をすることは、原則として認められません。なぜなら、通常、採用予定者に対する研修は、入社後の業務に関連するものとして義務的に行われるものであり、入社後の新入社員研修の前倒しと考えられることから、その研修費用は会社の業務遂行のための費用として本来的に会社が負担すべきだからです。入社前研修の費用は、そもそも研修受講者（内定辞退者）に対して請求できる性質のものではないということです。

　このことは、内定者に事前に「入社しない場合は研修費用を返還する」と約束をさせて研修を受けさせていたとしても同様です。こうした約束は、労働基準法16条が「使用者は、労働契約の不履行について違約金を定め、又は損害賠償額を予定する契約をしてはならない。」としているのに反し、無効と解釈され、約束があってもなくても同じと考えられるからです。

　一方、当該会社の入社前研修で資格を取得できることに着目して、実は他の競合他社に入社するつもりなのに、そのことを秘匿してあえて当該会社の研修に参加し、その後に内定を辞退して競合他社に入社するなど、極めて悪

質なケースでは、内定辞退者に対して研修費用分の損害賠償請求を行う余地もあります。ただし、このような場合でも、内定辞退者の意図等を裏づける証拠を示して明確に主張・立証することは相当困難であり、かつ、一般に、会社が内定辞退者に対して損害賠償請求をすること自体が批判の対象になる可能性がありますから、仮に内定辞退者に対して損害賠償を請求するにしても、できる限り協議や交渉を通じた解決を第一に考えるべきでしょう。

(山口　智寛)

Q3 内定取消し（内定者側の事情による場合）

採用内定者について、以下のような事情により内定を取り消すことは可能でしょうか。

❶ 内定者を対象とする入社前研修に参加しなかった。
❷ 入社前研修でのプレゼンテーションの出来が不十分だった。
❸ 内定後の健康診断で健康に問題があることが発覚した。
❹ 内定者にしか伝えていない当社の内情について、SNSで投稿した。
❺ 以前、ホステスのアルバイトをしていたことが発覚した。

A それぞれのケースでの具体的な事情を、解約権の趣旨や目的に照らしたうえで、相当な理由がある場合には、解約権を行使して内定を取り消すことができます。

1 会社はどのような場合に内定を取り消すことができるか

　会社による内定取消しの問題を検討するにあたっては、採用内定の法的性質からひもといて考える必要があります。この点について、裁判実務上は、採用内定によって会社と内定者との間に「始期付解約権留保付の労働契約」（**Q2**参照）が成立すると解釈されています（大日本印刷事件・最判昭和54年7月20日ほか）。

　採用内定の法律的性質が「始期付解約権留保付の労働契約」だとすると、会社による内定取消しの法的性質は、労働契約締結の際に留保されている解約権の行使であり、一種の解雇であるということになります。それでは、この解約権の行使は、どのような状況下ならば実行できるものなのでしょうか。

　会社が内定を取り消すことができる状況であるかどうか、すなわち労働契約の解約事由に該当するかどうかは、採用内定通知書や誓約書に記載された採用内定取消事由を参考にして判断されます。もっとも、採用内定通知書や

誓約書の採用内定取消事由は、通常、いくつかの抽象的な例に加えて「その他、採用内定を取り消されてもやむをえない事由が生じたとき」などと記載されており、該当するかどうかの判断基準は必ずしも明らかではありません。

そこで、裁判例では、解約権留保の趣旨、目的に照らして、客観的に合理的で社会通念上相当として是認できる事由があると認められる場合には解約権を行使することができるが、その程度に至らない場合には解約権を行使することはできないとされています（三菱樹脂事件・最判昭和48年12月12日、前掲の大日本印刷事件等）。

すなわち、抽象的には採用内定取消事由として記載された事項にあてはまるケースであっても、具体的な事情に照らして、解約権の趣旨、目的から見て相当な事由がなければ内定を取り消すことは許されません。一方、取消事由の記載が不十分で取消事由に該当するかどうかが一義的には定かでないケースであっても、解約権行使の相当性が認められれば内定を取り消すことが許されるということになります。

たとえば、採用内定通知書や誓約書の「提出書類への虚偽記入」という取消事由についても、その文言どおりには受け入れられず、現実に内定を取り消すには、虚偽記入の内容・程度が重大なもので、それによって当該内定者の従業員としての不適格性、あるいは不信義性が判明した場合でなくてはならないと解釈します。

2 ご質問のケースの検討

1) 内定者を対象とする入社前研修に参加しなかった場合（Qの❶）

まず、入社前研修が義務的なものでない場合は、参加するもしないも内定者の自由なので、研修に参加しないことをもって会社が内定取消しをすることはできません。

次に、入社前研修が義務的なものである場合には、そもそもこのような義務づけが可能なのかが問題となります。採用内定の法律的性質が「始期付解約権留保付の労働契約」であることを前提とすると、労働契約に基づいて使

用者である会社が労働者である内定者に対して研修への参加を義務づけることは一応可能と考えられます。

　もっとも、内定者はいまだ就労を開始していない立場であることから、会社が内定者に対して入社前研修を義務づけることができる範囲には限界があります。たとえば、内定者の本拠が学生生活など労働関係以外の場所に存している以上は、会社は、これを尊重し、研修によって内定者の学業等を阻害しないよう配慮すべきであり、また、学業等を理由に入社前研修等に応じなかった内定者に対して、内定取消し、その他の不利益取扱いをすることは許されません（宣伝会議事件・東京地判平成17年1月28日）。

　したがって、ご質問のケースで、仮に入社前研修が義務的なものであるにもかかわらず内定者が研修に参加しなかったのだとしても、不参加の理由が大学での研究スケジュールの都合によるものである、といった場合は、会社は内定を取り消すことはできません。

2）入社前研修におけるプレゼンテーションの出来が不十分だった場合（Qの❷）

　先述のように、労働契約に基づいて使用者である会社が労働者である内定者に対して研修への参加を義務づけることは一応可能と考えられるものの、実際に義務づけることができる範囲には限界があります。

　ご質問のケースのように、入社前研修がプレゼンテーション能力を高めるための研修であり、研修に参加した内定者が行ったプレゼンテーションの実演内容が不出来で、会社が求めるレベルに達しないものだったとしても、そのことを理由に内定を取り消すことは許されません（アイガー事件・東京地判平成24年12月28日）。

3）内定後の健康診断で健康に問題があることが発覚した場合（Qの❸）

　ひとくちに健康に問題があるといっても、その内容と会社での業務に与える影響はさまざまです。

　仮に、その健康上の異常が会社勤務に支障をもたらす可能性があるものであれば、従業員に対して健康配慮義務を負っている会社としては、従業員としての不適格性が判明した者を無理に従業員として入社させることはリスク

を抱えることにほかならないので、内定を取り消すことができます。

　一方、健康に問題があるものの会社勤務に支障をもたらすものではないという場合は、会社が解約権を行使する正当性はなく、内定を取り消すことはできません。たとえば、健康診断で血圧や尿酸値に軽度の異常が出たとしても、これらはただちに勤務に支障をもたらすものではないので、内定を取り消すことはできません。

4）内定者にしか伝えていない当社の内情について、SNSで投稿した場合（Qの❹）

　投稿の中身が、会社にとって秘匿性や重要度の高い情報であり、これが暴露されることによって経営が脅かされる危険がある場合には、解約権を行使する正当性が認められ、内定を取り消すことができます。

　これに対し、内定者が単に一般的な経営情報を書き込んだだけだとか、経営方針や事業内容に関して批判的なコメントをしたにすぎない場合は、ただちに会社に不利益が生じるものではなく、また、通常は内定者に注意を与えれば済むことなので、内定を取り消すことはできないと考えるべきです。

5）以前、ホステスのアルバイトをしていたことが発覚した場合（Qの❺）

　内定者が履歴書に記載したり、面接で説明した経歴に誤りがある場合であっても、会社はそのことからただちに内定を取り消すことができるわけではなく、虚偽記入の内容・程度が重大なもので、それによって当該内定者の従業員としての不適格性あるいは不信義性が判明したといえるかどうかに基づいて、内定取消しの可否が判断されます。

　したがって、ご質問のように、履歴書や面接からは明らかでなかったホステスのアルバイト経験が発覚した場合には、会社が当該内定者の採用について何を重視していたのかという点や、内定者がアルバイトをしていた形態や期間といった具体的な事情から、内定取消しが認められるかを判断する必要があります。

　最近、テレビ局にアナウンサーとして採用されることが内定していた女子学生が、ホステスのアルバイト経験を理由に内定を取り消されたとして、会社に対して地位確認を求めて訴訟を提起した事件がありました。会社側が

「アナウンサーには高度の清廉性が求められる」ことを内定取消しの理由として主張する一方で、内定者側は「親族の知り合いが経営するクラブで、手伝いを頼まれて短期間アルバイトをしていただけだ」として内定取消しの無効を主張していたといわれています。

本件では、当該内定者が予定どおり入社する形で和解が成立し、裁判所の判断は示されずに終了しましたが、仮に裁判の審理が進んでいった場合、アナウンサーという職業にある程度の清廉なイメージが求められることを考慮したとしても、縁故先のクラブで一時的にアルバイトをした経験がアナウンサーとしての就業を大きく阻害するとは言い難いということを根拠として、内定取消しは無効であると判断される可能性もあったと思われます。

(山口　智寛)

Q4 内定取消し(会社側の事情による場合)

当社は、採用内定後に急速に業績が悪化し、経費を削減し、事業計画をすべて見直すことになりました。その一環として、一部の採用内定者について内定取消しをすることは可能でしょうか。

A いわゆる整理解雇の有効性の判断に関する4要件(①人員削減の必要性、②解雇回避努力義務、③対象者選定の妥当性、④手続きの妥当性)を総合的に考慮し、解約権留保の趣旨と目的に照らして相当であるといえる場合には、内定取消しが認められます。

1 会社は内定後の経営悪化により内定を取り消すことができるか

会社による内定取消しの問題を検討するにあたっては、採用内定の法的性質からひもといて考える必要があります。裁判実務上は、採用内定によって会社と内定者との間に「始期付解約権留保付の労働契約」が成立すると解釈されています(大日本印刷事件・最判昭和54年7月20日ほか、**Q2**参照)。

採用内定の法律的性質が「始期付解約権留保付の労働契約」だとすると、会社による内定取消しの法的性質は、労働契約締結の際に留保されている解約権の行使であり、一種の解雇であるということになります。それでは、会社は内定後に経営が悪化した場合、留保されている解約権を行使して内定を取り消すことができるのでしょうか。

裁判例では、解約権を行使できる状況であるかどうかについては、解約権留保の趣旨と目的に照らして、客観的に見て合理的で社会通念上相当として是認できる事由があると認められる場合には解約権を行使することができるが、そこまでには至らない場合には解約権を行使することはできないとされています(三菱樹脂事件・最判昭和48年12月12日、前掲の大日本印刷事件等)。

そして、採用内定者は、現実には就業していないものの、当該労働契約に

拘束され、他に就職することができない地位に置かれていることから、会社が経営の悪化等を理由に解約権を行使する場合には、一種の整理解雇であるとして、整理解雇の有効性の判断に関する4要素（あるいは4要件）と呼ばれる判断要素（①人員整理の必要性、②解雇回避努力義務、③人選の合理性、④手続きの相当性；**Q51**参照）を総合考慮し、客観的に合理的で社会通念上相当として是認できる事由があるかにより判断すべきだと解釈されています（インフォミックス事件・東京地判平成9年10月31日）。

2 ご質問のケースの検討

ご質問のケースについても、整理解雇の4要件から内定取消しの可否を考える必要があります。

①　人員整理の必要性については、会社が業績悪化によって経費削減や事業縮小を行い、それに伴う余剰人員の削減をする必要性がどの程度あるのかという点を考慮します。ご質問のケースでは、採用内定後に急速に業績が悪化し、経費を削減し、事業計画をすべて見直すことになったということなので、人員整理の必要性は認められるでしょう。

②　解雇回避努力義務については、内定取消しをできる限り回避するための努力をしていたかどうかを考慮します。ご質問のケースでは、この点の事情が明らかではありませんが、たとえば、従業員に対して希望退職を募ったり依願退職を勧めるのと同時に、採用内定者に対しても入社の辞退勧告を行って相応の補償を申し出たり、職種変更の打診をするなどしていた場合には、解雇回避努力義務を尽くしていることが認められます。一方、そのような事情もなく内定取消しを最優先にしている場合には、解雇回避努力義務を尽くしたとは言い難いでしょう。

③　人選の合理性については、すでに就業している従業員の解雇よりも採用内定者に対する内定取消しを優先することは、合理性があるものと考えられています。したがって、仮に従業員の退職者がいない状態で内定取消しに踏み切ったとしても、そのことからだけで人員選定が妥当でないと評価され

ることはありません。

④　手続きの相当性については、当該内定者の納得が得られるように十分な説明をし、内定者の不利益を緩和するための対応をしたかどうかを考慮します。この点については、一般に、裁判例では、会社側に厳しい判断がなされる傾向があります。ご質問のケースでも、採用内定を取り消すにあたり、会社の実情を理解してもらうよう説明することはもちろん、当該内定者に対して誠意のある対応を尽くすことで、初めて手続きの相当性が認められることになります。

以上のように、4要件を総合考慮して、解約権留保の趣旨と目的に照らして客観的に相当であるといえる場合には、内定取消しが認められます。

なお、前掲のインフォミックス事件の判決は、人員整理の必要性（①）、解雇回避努力義務（②）、人選の合理性（③）については評価しつつも、内定取消し前後における会社と当該内定者とのやりとりでは会社側の対応は誠意に欠けるものであり、手続きの相当性（④）に問題があったとして、内定取消しは無効であると結論づけています。

（山口　智寛）

試用期間

Q5 試用期間経過後の本採用拒否

試用期間の経過後、以下のような事情により本採用を拒否することは可能でしょうか。

❶ 勤務成績・態度が期待していたものではなかった。
❷ 試用期間中に健康を害した。
❸ 経歴を詐称していることが判明した。

A 試用期間（契約）は、解約権の留保が付されているとはいえ労働契約であることに変わりはなく、雇用契約の効力が発生していることから、本採用の拒否は解雇にあたり、客観的に合理的な理由があり社会通念上相当として認められる場合にのみ許されます。

1 試用および本採用拒否の法的性質

　試用とは、長期雇用を前提とした正規従業員の採用にあたり、入社後の一定期間を「試用」ないし「見習」期間とし、この間に当該労働者の正規従業員としての人物・能力の適格性を評価し、本採用とするか否かを判断する制度をいいます。この期間は、3か月を中心に、1か月から6か月とされる場合が通常です。そして、この期間中あるいはこの期間の満了時に、「従業員として不適当と認めるときは解雇できる」等の特別の解雇権を会社に認めるのが一般的です。

　試用の法的性質については、就業規則の規定、および当該企業内での処遇

の実情に基づいて判断されるものですが、一般的には、「解約権留保付の雇用契約」と理解されています（三菱樹脂事件・最判昭和48年12月12日）。

したがって、試用期間経過後の本採用拒否の法的性質は、当該雇用契約に留保された解約権の行使ということになります。

2 留保解約権行使の適法性

本採用の拒否を留保解約権の行使と理解する場合、その解約権がいかなる場合に行使できるのかが重要な問題となります。

この点、前掲の判例（三菱樹脂事件）は、「留保解約権に基づく解雇は通常の解雇よりも広い範囲において解雇の自由が認められて然るべきであるが、解約権留保の趣旨・目的に照らして、客観的に合理的な理由が存し、社会通念上相当として是認される場合にのみ許される」との基準を示したうえで、留保解約権の行使が是認される場合をより具体的に、「企業者が、採用決定後における調査の結果により、または使用中の勤務状態等により、当初知ることが出来ず、また知ることが期待できないような事実を知るに至った場合において、そのような事実に照らしその者を引き続き当該企業に雇傭しておくのが適当でないと判断することが、上記解約権の留保の趣旨、目的に徴して、客観的に相当であると認められる場合」と判示しています。

以上より、解約権が留保されていることから正規従業員の普通解雇に比べると使用者の自由度は大きいといえるものの、解雇であることに変わりはないことから、これを適法に行使にするためには、具体的かつ相当程度の理由が必要となります。

3 ご質問のケースの検討

ご質問のケースについても、「解約権が留保されているから本採用の拒否（解雇）が許される」と、単純に割り切ることはできません。それぞれ、具体的に見ていきましょう。

勤務成績・態度が期待していたものでなかった（Qの❶）、ということで

すが、この事情だけでは本採用の拒否が相当ということは難しいように思われます。

なぜなら、勤務成績・態度といっても、新卒採用と中途採用とでは期待される範囲・程度が当然異なるからです。

新卒採用の場合、技能や能力、社会人としてのふるまいは、勤務を継続しながら習得することが予定されていることから、一般の従業員として期待する勤務成績・態度が試用期間に身についていないというだけでは、会社が解約権を行使することは許されず、今後、時間をかけても技能や能力の向上が期待できない、勤務態度の改善も期待できない、というような強度の事情を要するといえます。

一方で、一定の技能や能力、勤務態度を期待して中途採用を行った場合には、試用期間中にこれらの欠如あるいは不足が明らかになったような場合には、解約権の行使は認められやすい、といえます。

試用期間中に健康を害した（Qの❷）というだけで本採用を拒否することは、新卒・中途採用のいずれの場合でも困難といわねばなりません。健康を害したといっても、通常は回復が期待できるので、就労への影響も一時的なものにとどまるからです。

ただし、以下のような特異なケースの場合には、例外的に本採用の拒否が許される場合もありえます。
(1) 健康上の理由により、本採用後、通常の労務の提供が困難であることが相当程度明らかであり、それについて回復が期待できないとき。
(2) 採用面接時に秘匿していた既往症が明らかになり、それにより通常の就労が困難となり、回復も期待できないとき。
(3) 特に中途採用のケースで、即戦力を期待して採用した場合に、回復の見込みがあるとしても、長期の離脱が避けられないとき。

経歴の詐称（Qの❸）については、それが、会社が採用の条件にしている内容や採用の決め手としていた場合には、本採用の拒否は正当化されやすいといえます。

たとえば、海外部門の採用において、一定の英語力のレベルを前提としているような場合に、語学試験のスコアや留学経験等を偽って申告し、実際にはそのような語学力を有しておらず、期待される業務を担当することが困難であることが明らかになったような場合が挙げられます。

特に中途採用の場合には、特定の技能や能力を見込んで採用したものの、この点について経歴詐称があり、実際には会社の期待する技能や能力が不足していることが明らかになったような場合には、新卒採用の場合に比し、本採用の拒否の有効性が認められやすいといえます。

ただ、軽微な経歴の詐称（たとえば、出身地の詐称）については、それが会社と従業員の間の信頼関係を破壊するような特別な事情等がない限り、それを理由に本採用を拒否することは困難でしょう。

（中井　寛人）

労働契約

Q6 外国人を雇用する際のポイント

当社では、慢性的な人手不足を解消するために、留学生を含む外国人を採用しようと考えています。外国人を雇用する際の手続きのポイントや注意すべき点を教えてください。

A 採用しようとする外国人の在留資格によって、就労資格の有無や就労可能な業務の内容に違いがあるので、まず、この点を確認する必要があります。また、実際に外国人を雇用する際には、雇用対策法に基づく届出等、日本人にはない特別の手続きが義務づけられています。その一方で、雇入れ後は、外国人にも日本人と同様の労働関係法令が適用されるほか、労働保険や社会保険の取扱いにも共通する部分が多いことに、注意が必要です。

1 就労資格の有無・内容の確認

外国人の採用を検討する際には、まず、日本国内における就労資格の有無を確認する必要があります。就労資格は、入管法によって定められた一定の在留資格の取得が前提とされていますので、まずは在留カードを示してもらい、その外国人の在留資格を確認してください。

在留資格が「永住者」「日本人の配偶者等」または「定住者」の場合は、従事する職務内容（職種）に制限はありません。また、在留資格が「教授」「芸術」「宗教」「報道」「高度専門職」「経営・管理」「法律・会計業務」「医療」「研

究」「技術・人文知識・国際業務」「企業内転勤」「興業」「技能」「技能実習」のいずれかの場合は、従事する職務内容がその在留資格に該当するものであれば就労が可能です。

これに対し、在留資格が「留学」や「家族滞在」の場合には注意が必要です。これらの場合は、その外国人が「資格外活動許可」を取得している場合に限り、同許可の範囲内でのみ就労が認められているからです。資格外活動許可の有無は、在留カードの裏面の「資格外活動許可欄」の記載で確認することができますが、この許可には通常、職種、就業時間や就労期間について一定の制限が付されていますので、その点にも注意が必要です（詳しくは**2**で述べます）。

2 留学生を採用する場合の注意点

外国人留学生の在留資格は、おそらく「留学」であると思われます。すでに述べたとおり、この在留資格には原則として就労資格がありませんが、入管法に基づく「資格外活動許可」を地方入国管理局で得ている場合に限り、例外的に就労が可能とされています。ただし、この場合でも、通常は次のような制限つきの許可とされている点に注意が必要です。

まず、就労することが可能な期間は、その留学生が、日本の学校に在籍している間に限られるということが重要です。就労する時間についても、「留学」活動の邪魔にならない範囲での就労のみが認められるという考え方なので、原則として1週について28時間を超えて働くことはできないという制限があります（どの曜日から1週を起算した場合でも常に1週について28時間以内である必要があります）。例外的に、在籍する教育機関の定める長期休業期間には1日8時間までは働くことが可能とされていますが、日本人とは異なる規制がなされている以上、外国人の就労時間は特に正確に管理する必要があるでしょう。また、就労することのできる業種としては、風俗営業が営まれている営業所で就労することは、制限されています。

以上の規制に反し、雇主が資格外活動許可を得ていない外国人を就労させ

た、あるいは資格外活動許可の就労時間の範囲を超えて就労させた場合には、3年以下の懲役もしくは300万円以下の罰金（入管法73の2）に処せられるおそれがあります。近年、資格外活動に従事する労働者の数が増加し、一種の社会問題化していることを踏まえれば、雇主はこれらの規制の遵守を徹底することが、より重要になっているといえます。

3 雇入れ手続きのポイント

実際に外国人を雇用することになった場合には、その者の氏名、在留資格、在留期間、生年月日、性別、国籍、資格外活動許可の有無、住所、雇入れまたは離職に関係する事業所の名称および所在地、賃金その他の雇用状況に関する事項を確認して、これらの事項を公共職業安定所に届け出る必要があります。これは、外国人の不法就労を防止するために雇主に外国人の雇用状況届出を行う義務を負わせたもので、採用時だけでなく退職時にも適用されます（雇用対策法28①、雇対規10）。

この届出をしない場合、または虚偽の報告をした場合には、30万円以下の罰金に処せられることがありますので、注意が必要です（雇用対策法40①二）。

4 雇入れ後の法令の適用

外国人の労働者を雇用した場合、労働契約法、労働基準法、労働安全衛生法、最低賃金法などの労働保護法規は、在留資格の点で適法な就労か違法な就労かにかかわらず適用されます。また、法律上、国籍や人種による差別は厳格に禁止されており、外国人労働者は日本人の労働者と平等に取り扱うべきものとされています（労働基準法3）。同様に、職業安定法・労働者派遣法における罰則の適用もあることを押さえておきましょう。

さらに注意を要するのは、雇主は外国人労働者に対しても、日本人労働者に対するのと同様に、安全配慮義務（労働契約法5）を負うことです。たとえば、工場内で作業に従事している外国人が工作機械で負傷をした場合、そ

の事故が機械の操作方法や正しい作業手順を説明されていなかったことが原因で起きたときは、雇主に損害賠償責任が発生することがあるのです。この点に関し重要なのは、たとえば機械の操作方法や正しい作業手順が、その外国人労働者にとって実質的に理解できるような方法で説明されていたかどうかです。確かに、雇主には、就業規則や雇用契約書等を外国人労働者の母国語で作成する義務はありません。しかし、危険を伴う作業に外国人労働者を従事させる場合には、安全確保に必要な事項について、使用言語に留意した説明を行うことや、労働者の母国語を用いたマニュアルの整備をすることなどが必要となるでしょう。

5 労働保険・社会保険等の取扱い

労働保険・社会保険等についてはどうでしょうか。

まず、労働保険（労災保険および雇用保険）について説明すると、労災保険は適法な就労か違法な就労かにかかわらず適用されます。雇用保険についても、雇用関係の終了と同時に帰国することが明らかな者を除き、在留資格のいかんを問わず原則として被保険者として取り扱うこととされているので、基本的に日本人の労働者と同様の手続きをとることが求められています。また、社会保険（厚生年金保険および健康保険）についても日本人同様の取扱いが要求されます。ただし、国民年金および国民健康保険は、加入について居住に関する要件が加わりますし、年金は、そもそも被保険者たる期間が長期にわたって要求されるので、実際上は、外国人の労働者には適用されない場合も多いと考えられます。

（松田　浩明）

Q7 未成年者を雇用する際の注意点

当社は、外食チェーン店を展開しており、未成年者のアルバイトが貴重な労働力になっています。これまでも雇用に関する法令を遵守してきたつもりですが、成人を雇用する場合との違いについて、思わぬルールの見落としがあるのではないかと心配です。未成年者を雇用する場合の一般的な注意点を教えてください。

A

労働基準法では、未成年者の保護の観点から、満20歳未満の労働者を年齢に応じて次の3つに区分して規定しており、それぞれに適用される規制が異なっています。
① 児童（満15歳に達した日以後最初の3月31日が終了するまでの者）
② 年少者（満18歳未満の者）
③ 未成年者（満20歳未満の者）
　以下では、この区分を踏まえ、労働契約の締結から退職等に至るまでの各場面において注意すべきポイントを説明しましょう。

1 労働契約の締結

　未成年者も労働契約の主体となりうることは当然ですが、未成年者が単独で有効な契約を行うことはできません（民法5①）。したがって、原則として、契約には親権者または後見人の同意が必要になります。しかし、一方で、親権者や後見人が未成年者に代わって労働契約を締結することは禁止されています（労働基準法58①）。この両規定は、一見すると矛盾しているようにも思われますが、労働基準法は、親等の意向によって、未成年者がその意思に反して働かされることを防止し、未成年者の保護を徹底する趣旨で定められており、両規定は同時に適用されることになります。
　したがって、未成年者を雇用する場合には、本人と直接労働契約を締結し、

それと同時に親権者等の同意を書面で得ておくことが必須です。そして、この同意書は、労働基準監督署長に提出することが義務づけられている点にも、注意が必要です。

2 最低年齢

児童（満15歳に達した日以後最初の3月31日が終了するまでの者）を雇用することは原則として禁止されています（労働基準法56①）。例外として認められうるのは、満13歳未満の児童については、映画の制作や演劇の事業（子役等）に従事する場合に限ります。満13歳以上の児童については、上記に非工業的な事業かつ健康・福祉に有害でない軽易な作業が加わります。ただし、これらの例外は、所轄の労働基準監督署長の使用許可を得ることと、労働時間が学校の修学時間外であることが必要である点に、注意を要します（労働基準法56②）。

最低年齢の規定に違反した場合には、1年以下の懲役または50万円以下の罰金に処せられることがあります（労働基準法118①）。

3 証明書等の備え付け

満18歳未満の者を使用する事業所には、その年齢を証明する書面を備え付けなければなりません。年齢を証明する書面としては、戸籍や住民票の記載事項証明書が適当でしょう。また、児童を使用する事業所には、上記に加えて、修学に差し支えないことを証明する学校長の証明書と親権者または後見人の同意書も備え付ける必要があります。

証明書等の備え付けの規定に違反した場合には、30万円以下の罰金に処せられることがあります（労働基準法120一）。

4 労働時間および休日

労働基準法は、未成年者の保護のため、年齢の区分に応じてきめ細かに労働時間や休日について規定しており、深夜労働、長時間労働は原則として禁

	児童	年少者	未成年者
法定時間外労働	×	×	○
深夜労働（22時～5時）	× （20時～5時に禁止範囲拡大）	原則として×	○
法定休日労働	×	×	○
1日の最長労働時間	修学時間と合わせて7時間	8時間	8時間（残業可）
1週の最長労働時間	修学時間と合わせて40時間	40時間	40時間（残業可）
変形労働時間制の採用	×	原則として×	○

止されています。具体的には上に掲げた表のとおりです。

　労働時間の制限等の規定に違反した場合には、6か月以下の懲役または30万円以下の罰金に処せられることがあります（労働基準法119一）。なお、これらの規定に違反して働かせた場合にも割増賃金を支払う義務があることは、いうまでもありません（労働基準法37）。

5 賃金支払い時

　賃金の支払いについては、一般に、①毎月1回以上、②一定の期日に、③通貨で、④全額を、⑤直接本人に支払わなければなりません（労働基準法24）。また、賃金の額は、都道府県ごとに定められた最低賃金の額を下回ってはいけません（最低賃金法4）。これらの原則は、労働者が未成年者であっても、厳格に守らなければなりません。特に、賃金を親または後見人に支払ってはならない点には、注意を要します（労働基準法59）。

　これらの規定に違反した場合には、30万円以下の罰金に処せられることがあります（労働基準法120一）。

6 危険有害業務への就業制限

　年少者（満18歳未満の者）は、肉体的・精神的に未成熟であり、技術的にも未熟な者が多いことから、その保護のため、一定の危険有害業務に従事させることが禁止されています（労働基準法62）。

具体的には、①重量物の取扱い業務、②安全面で危険性が高い業務（ボイラー、クレーン、2トン以上の大型トラックの運転または取扱い等）、③衛生面で有害な業務（有害物質の取扱い等）、④福祉面で有害な業務（バー、キャバレー、クラブ等での接客等）が禁止される代表的な業務です。

危険有害業務への就業制限の規定に違反した場合には、6か月以下の懲役または30万円以下の罰金に処せられることがあります（労働基準法119一）。

7 退職時

年少者（満18歳未満の者）を解雇した場合、実家等への旅費がないために路頭に迷うことのないように、解雇から14日以内に本人が帰郷する場合には、雇主は帰郷旅費（交通費、食費、宿泊を要する場合の宿泊費等）を負担しなければなりません（労働基準法64）。

この規定に違反した場合には、30万円以下の罰金に処せられることがあります（労働基準法120一）。

（松田　浩明）

Q8 高齢者の継続雇用

当社には60歳の定年以降、希望者を対象に65歳まで再雇用する制度があります。この制度について、以下のような取扱いをすることは可能でしょうか。

❶ 再雇用基準をもうけて、希望者のなかでも基準を満たした者のみを再雇用する。

❷ 年次有給休暇の要件について、再雇用以降の期間のみを根拠に計算する。

❸ 労働契約ではなく業務委託契約を締結して対象者に業務に従事してもらう。

A❶ 平成25年3月31日までに改正前高年法(通称「高年齢者雇用安定法」、ここでは「高年法」といいます)9条2項の労使協約を締結している場合、就業規則において解雇事由と同じ内容を継続雇用の例外事由として規定する場合を除いて、新たに再雇用基準をもうけて希望者のなかから対象者を選別することは認められません。

A❷ 年次有給休暇の要件については、再雇用以降の期間のみを根拠に計算することは認められず、実質的に労働関係が継続している限り勤務年数を通算して計算すべきです。

A❸ 対象者が継続雇用を希望しない場合には、業務委託の方式によって業務に従事してもらうことが可能です。

1 再雇用基準をもうけて、希望者のなかでも基準を満たした者のみを再雇用することは可能か(Qの❶)

1) 高年齢者雇用安定法の内容

定年や定年後の再雇用等、高年齢者の雇用をめぐる問題については、「高

年法」（正式名称「高年齢者等の雇用の安定等に関する法律」）が規定しています。同法は、少子高齢化の進展に伴って、数次にわたり改正がなされてきました。

まず、現行の高年法（平成24年改正、平成25年4月施行）の8条本文は、事業主は定年の定めをする場合には「定年は、六十歳を下回ることができない。」としています。当該規定は強行的な効力を有しており、もし事業主がこの規定に反して60歳を下回る定年年齢を定めた場合には、その定めは無効となり、定年の定めがないことになります（牛根漁業共同組合事件・福岡高裁宮崎支判平成17年11月30日）。

また、高年法9条1項は、希望者全員に対する65歳までの雇用を確保する義務を企業に課すべく、定年を65歳未満に定めている事業主は、以下のいずれかの高齢者の雇用確保措置を講じなければならないとしています。

① 定年年齢の引上げ
② 継続雇用制度（現に雇用している高年齢者が希望するときは、当該高年齢者を定年後も引き続き雇用する制度）の導入
③ 定年制の廃止

2）定年後継続雇用制度の詳細

上記の雇用確保措置のうち、日本の多くの会社では、②を導入しているといわれています。この点について、以前は、労使協定（事業場単位で、使用者と、労働者の過半数を組織する労働組合、または労働者の過半数を代表する者との間で締結する協定）により基準を定めて継続雇用の対象者を選別することが可能でした（改正前高年法9②）。しかし、平成24年の法改正により同規定は廃止され、定年を迎えた希望者が雇用継続を希望する場合、事業主は65歳まで雇用を継続しなければならなくなりました。

ただし、改正高年法の施行（平成25年3月31日）までに改正前高年法9条2項の労使協約を締結している場合には、その基準を引き続き利用できる12年間の経過措置がもうけられています。具体的には、以下のとおり、年金の受給開始年齢の引上げに合わせる形で、3年ごとに当該条項が適用される年齢の範囲が徐々に限定されていきます。

① 平成25年4月1日から平成28年3月31日まで：61歳以上の者
② 平成28年4月1日から平成31年3月31日まで：62歳以上の者
③ 平成31年4月1日から平成34年3月31日まで：63歳以上の者
④ 平成34年4月1日から平成37年3月31日まで：64歳以上の者
  ＊ 平成37年4月1日には経過措置期間が終了し、従前の継続雇用制度の対象者基準は利用できなくなります。

　一方、平成25年3月31日までに改正前高年法9条2項の労使協約を締結していない場合には、使用者は事後的に再雇用者を限定する制度を導入することはできませんので、注意が必要です。

3）継続雇用について一切の例外は認められないのか

　会社としては、いくら継続雇用の義務があるといっても、当該高年齢労働者について解雇事由のある場合には、継続雇用を回避したいところです。それでは、平成25年3月31日までに改正前高年法9条2項の労使協約を締結していない場合には、定年後の継続雇用について一切の例外は認められないのでしょうか。

　この点については、会社は従業員との間の労働契約を一方的に終了する解雇権を有していますので（**Q49**参照）、就業規則の解雇事由と同じ内容を、継続雇用しない事由として別途規定することは可能であると解釈されています。

　たとえば、就業規則で従業員の解雇事由として「勤務状況が著しく不良で、改善の見込みがなく、従業員としての職責を果たしえないとき」や「精神または身体の障害により業務に耐えられないとき」といったことを規定している場合に、これとは別に、定年後の継続雇用の例外事由として上記の解雇事由と同じ内容を規定することは認められます。一方、解雇事由と別の事由を定年後の継続雇用の例外事由として追加することは、継続雇用しない特別な事由をもうけることになるため、認められません。

2 年次有給休暇の要件について、再雇用以降の期間のみを根拠に計算することは可能か（Qの❷）

　労働基準法39条1項は、年次有給休暇について、「六箇月間継続勤務し全労働日の八割以上出勤した労働者に対して」有給休暇を与えなければならないとしています。それでは、定年後に再雇用した労働者については、「継続勤務」の要件、すなわち在籍期間の要件について、どのように考えるべきでしょうか。

　この点は、形式的に見れば、定年までの雇用契約と定年後の再雇用契約は別個の労働契約であることから、継続勤務の要件も再雇用以降の期間のみを根拠に計算すべきとも思われます。

　しかし、労働省（当時）の行政通達（「労働基準法関係解釈例規について」昭和63年3月14日基発150号）によれば「継続勤務か否かについては、勤務の実態に即し実質的に判断すべきもの」であり、その一例として、「定年退職による退職者を引き続き嘱託等として再採用している場合（退職手当規程に基づき、所定の退職手当を支給した場合を含む。）」は実質的に労働関係が継続している限り勤務年数を通算するとされています。また、たとえば、継続雇用後は勤務内容が補助的な業務に変更されるような場合であっても、それだけで「継続勤務」性が否定されるわけではないと考えるべきです。

　したがって、年次有給休暇の要件については、再雇用以降の期間のみを根拠に計算することは認められず、実質的に労働関係が継続している限り勤務年数を通算して計算すべきことになります。

　なお、定年までに使用しなかった残余年休の取扱いについては、翌年度への繰り越しを認めるべきです（1年間の有期雇用契約が毎年更新されていた場合の有給の取扱いについて、未消化の年休は翌年度に繰り越しが認められるとした裁判例としては、国際協力事業団事件・東京地判平成9年12月1日）。

3 労働契約ではなく業務委託契約を締結して対象者に業務に従事してもらうことは可能か（Qの❸）

1）業務委託契約は可能か

　近年、業務の外注化と従業員の非正規化の進展に伴い、企業が個人との間で業務委託契約を締結するケースが増えてきています。実際、業務委託契約によれば、企業側は社会保険料の使用者負担義務を免れることができ、一方で、定年を迎えた高齢者の側も企業に負担をかけずに仕事を継続させてもらえるという点で、双方にとってメリットがある方法といえます。

　それでは、企業に従業員の定年後の継続雇用を義務づける高年法の規定にもかかわらず、労働契約ではなく業務委託契約を締結して対象者に業務に従事してもらうことは可能でしょうか。

　高年法の趣旨はあくまでも高年齢者の雇用の確保にあるわけですから、定年を迎えた従業員の側が継続雇用を希望しない場合には、企業の側は無理に雇用する必要はありません。したがって、当人が、雇用を継続せずに業務委託によって仕事をすることを希望する場合には、企業の側は、業務委託契約を締結して一定の業務を委託することが可能です。

　ただし、企業の側としては、真に相手方の意思に応じて業務委託契約を締結したということを証明できるように、継続雇用についての説明書面に対する承諾の署名をもらうなどして、業務委託契約締結に至るプロセスを説明できるような記録を残しておいたほうがいいでしょう。

2）業務委託契約締結にあたっての注意点

　業務委託か雇用（労働契約）かというのは、その契約実態から判断されるものであり、「業務委託契約書」という表題の契約書を作成しても、その就業実体が労働関係に基づくものである場合には、やはり労働契約であるとして労働関係法規の適用を受けます。具体的には、以下のような基準を総合考慮して判断されます（昭和60年の労働省労働基準法研究会報告における「労働基準法の『労働者』の判断基準について」参照）。

第1章 従業員の雇用

◆主要な判断要素
　① 仕事の依頼への諾否の事由
　② 業務遂行上の指揮監督
　③ 時間的・場所的拘束性
　④ 代替性
　⑤ 報酬の算定・支払方法

◆補足的な判断要素
　① 機械・器具の負担、報酬の額等に現れた事業者性
　② 専属性

　したがって、定年を迎えた従業員との間で業務委託契約を締結して一定の業務処理をお願いするのであれば、上記の各基準を参考にして、実態としても労働契約ではなく業務委託契約なのだといえるような体制をつくったうえで業務委託契約を締結する必要があります。

　たとえば、契約書には給与ではなく委託報酬を記載し、従業員に対する給与や手当の支給とは別の額、計算方法、支払形態に則って処理すべきです。また、仕事依頼に対する諾否の事由を認め、勤務の場所や時間についての拘束を排除するなどの工夫も必要でしょう。

（山口　智寛）

Q9 派遣労働者の受け入れ

当社の女性従業員が産休に入るため、代替要員として初めて派遣労働者を採用することを検討しています。以下のような取扱いは可能でしょうか。

❶ 派遣社員にも他の従業員と同様の秘密保持誓約書を提出してもらう。
❷ 当該女性従業員が復帰しないで退職した場合に、派遣社員を正社員として雇用する。

A❶ 派遣社員に対して秘密保持誓約書の提出を求めることはできますが、強制することはできません。

A❷ 正社員としての雇用は可能です。派遣期間中か否かで必要な手続きが異なります。

1 派遣労働の仕組み

派遣労働者の取扱いを知るためには、労働者派遣の法的仕組みを正しく理解しなくてはなりません。

労働者派遣法2条一号は、労働者派遣とは、「自己の雇用する労働者を、当該雇用関係の下に、かつ、他人の指揮命令を受けて、当該他人のために労働に従事させることをいい、当該他人に対し当該労働者を当該他人に雇用させることを約してするものを含まないもの」であると定義しています。すなわち、労働者派遣とは、派遣元が雇用する労働者を派遣先が指揮命令して使用するという制度です。

直接雇用の場合は、労働者は雇用主体である事業主から指揮命令を受けますが、派遣労働者は派遣元に雇用されつつも、派遣先で指揮命令を受けて労働する点に特徴があります（これを「雇用と使用の分離」といいます）。

労働者派遣は、流動的な雇用システムを支える有用な制度である一方で、

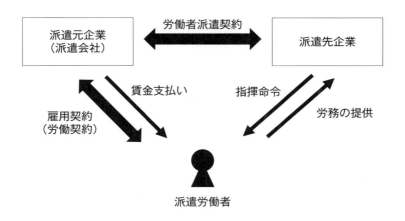

「雇用と使用の分離」ゆえに派遣労働者の利益がないがしろにされる危険があります。そこで、平成27年9月30日施行の改正労働者派遣法によってすべての派遣事業が許可制になるなど、種々の規制が敷かれています。

2 派遣社員にも他の従業員と同様の秘密保持誓約書を提出してもらうことは可能か（Qの❶）

　まず、労働者派遣では、派遣先企業（派遣労働者を受け入れる企業）は、派遣元企業（派遣会社）と労働者派遣契約を結ぶことになるので、この契約のなかで派遣労働者の秘密保持に関する義務を定めることができます。それでは、派遣先企業は派遣労働者から直接秘密保持誓約書を取得することは一切できないのでしょうか。

　先述のように、派遣先企業と派遣労働者との間には労働契約が成立していないものの、派遣先企業は派遣労働者に対して指揮命令を与えることができます。したがって、派遣労働者に対して直接に秘密保持誓約書の作成および提出を求めることも、一応可能であると考えられます。

　もっとも、労働者派遣の仕組みでは、派遣労働者との間で労働契約を締結しているのはあくまでも派遣元企業なので、これとは別に派遣元企業が派遣労働者との間で独自の法律関係を築くことは、好ましくありません。そこ

で、派遣労働者から秘密保持誓約書を取得するにしても、派遣元企業の了解のもとに行うべきでしょう。また、派遣労働者には誓約書の任意の提出を求めることができるのみで、業務命令として提出を強制できるものではありません（アウトソーシング事件・東京地判平成25年12月3日）。

経済産業省の「営業秘密管理指針」（平成25年8月16日改訂版）でも、「労働者派遣事業制度の趣旨からは、派遣先は、派遣従業者と直接秘密保持契約を締結するよりもむしろ、雇用主である派遣元事業主との間で秘密保持契約を締結し、派遣元事業主が派遣先に対し派遣従業者による秘密保持に関する責任を追うこととすることが望ましい」とされています。

3 当該女性従業員が復帰しないで退職した場合に、派遣社員を正社員として雇用することは可能か（Qの❷）

1）派遣期間満了後の場合

派遣先企業が派遣労働者の能力を高く評価し、ぜひ正社員として採用したいという場合、これを実現することは可能でしょうか。

労働者派遣法は、派遣元事業主は、派遣先事業主との間で、派遣社員の雇用期間終了後に派遣先事業主が派遣社員を直接雇用することを禁止してはならないとしています（労働者派遣法33）。つまり、派遣期間満了後に、当該派遣労働者が正社員としての採用を望んでいるのであれば、派遣先企業はこの者を正社員として採用することが可能です。

ただし、採用する企業の側としては、事前に派遣契約書の内容を確認したうえで派遣会社に相談するなどして、紹介手数料の支払い（紹介予定派遣＊の場合）の潜脱等の派遣契約違反にならないよう、注意が必要です。

＊　紹介予定派遣とは、労働者派遣のうち、「労働者派遣の役務の提供の開始前又は開始後に、派遣先について、職業安定法その他の法律の規定による許可を受けて、又は届出をして、職業紹介を行い、又は行うことを予定してするもの」（労働者派遣法2四）です。つまり、労働者は、派遣先に直接雇用されることを予定したうえで派遣先で一定期間（最長6か月）派遣労働者として

就業し、期間終了後に派遣労働者、派遣元企業、派遣先企業の3者の合意に基づき、派遣先企業から直接雇用されるという仕組みです。派遣先企業が労働者を直接雇用することになった場合、派遣元企業は派遣先企業から紹介手数料の支払いを受けるので、この点では後述する職業紹介に類似しています。

派遣元企業は、紹介予定派遣を行うには、労働者派遣業とは別に紹介予定派遣業の許可を得る必要があります。

2) 派遣期間中の場合

一方、派遣期間の途中で採用する場合には、法的には、派遣元企業との間で締結した従前の労働者派遣契約を解除し、新たに派遣労働者との間で直接労働契約を締結することになります。

労働者派遣法は、派遣先企業の都合による労働者派遣契約の解除にあたっては、「当該労働者派遣に係る派遣労働者の新たな就業の機会の確保、労働者派遣をする事業主による当該派遣労働者に対する休業手当等の支払に要する費用を確保するための当該費用の負担その他の当該派遣労働者の雇用の安定を図るために必要な措置を講じなければならない。」と規定しています（労働者派遣法29の2）。具体的には、たとえば、解除予告期間については、労働者派遣契約の解除を行おうとする日の少なくとも30日前に派遣元企業に対してその旨の予告を行うか、あるいは、30日分以上の賃金に相当する手当を支払うべきとされています（「派遣先が講ずべき措置に関する指針」平成11年労働省告示138号）。

通常は、労働者派遣契約書に、派遣期間中における派遣先企業からの直接雇用申込みに関して、上記のような内容が具体的に規定されています。したがって、派遣先企業が派遣期間の途中での派遣労働者の直接雇用を希望する場合には、当該規定に従って、派遣元企業に対して直接雇用の申込みを行う必要があります。

実際に直接雇用に至るまでの手続きですが、派遣元企業が職業紹介事業の許可を受けている場合には、通常、派遣元企業、派遣先企業、派遣労働者の3者の合意に基づいて新たに職業紹介＊への切り替えを行い、派遣先企業が

当該派遣社員を直接雇用することになります。派遣先企業は、派遣元企業に対し、職業紹介事業の対価としての紹介手数料を支払います。
 一方、派遣元企業が職業紹介事業の許可を受けていない場合には、上記の切り替え手続きは不要であり、派遣契約の解除手続き後、派遣先企業は当該派遣社員を直接雇用することができます。

* 職業紹介とは、職業安定法では「求人及び求職の申込みを受け、求人者と求職者との間における雇用関係の成立をあつせんすること」と定義されているもので（職業安定法4①）、いわゆる人材紹介のことです。職業紹介事業の場合、紹介企業は顧客企業と労働者とを引きあわせ、その対価として顧客企業から紹介手数料の支払いを受けます。紹介企業が労働者との間で労働契約を結ぶことはない点で、労働者派遣事業とは異なります。職業紹介事業を営むためには、労働者派遣事業とは別の許可を取得する必要があります。

（山口　智寛）

第 2 章

労働条件

賃金、賞与、退職金

Q10 賃金からの控除

従業員に支払う賃金について、以下のような取扱いをすることは可能でしょうか。

❶ 会社から従業員に対する貸付金がある場合、貸付金の返済として、毎月の返済分を賃金から天引き(控除)して残額を支払う。

❷ 会社に損害を与えた従業員に対して、損害賠償金を差し引いて賃金を支払う。

A❶ 貸金については次の場合に可能です。

1) 労働基準法24条1項但書後段による賃金控除の書面協定が締結されている場合。

2) 賃金からの天引き(控除)について当該従業員との間に合意が成立しており、かつ、その合意について当該従業員が自由な意思に基づいて同意したものであると認められるだけの合理的な理由が客観的に存在する場合。

A❷ 損害賠償金については、次の点から実際上は困難な場合が多いと思われます。

1) A❶の賃金控除の書面協定の対象にならないと考えられる。

2) A❶の「自由な意思に基づいて同意したものであると認められるだけの合理的な理由が客観的に存在する場合」にも該当しないことが多いと思われる。

第 2 章
労働条件

1 賃金全額払いの原則（労働基準法24①本文）

賃金はその全額を支払わなければなりません。

もっとも、ここで全額払いの対象となるのは、賃金支払日に支払うことが確定している賃金ですから、給与規定等において欠勤控除が定められているような場合には、欠勤控除される分の賃金は発生していないといえるので、欠勤控除をしても全額払いの原則には違反しません。

2 賃金全額払いの原則からくる相殺の禁止

賃金全額払いの原則から、使用者が従業員に対して債権があるという理由で、一方的に賃金債権と相殺することは禁止されます（関西精機事件・最判昭和31年11月2日、日本勧業経済会事件・最判昭和36年5月31日）。

ここで「相殺」について若干説明すると、相殺とは、対立する2つの債権債務を対当額で消滅させる制度です。たとえば、A社が取引先B社との間に一方で売掛金があり、他方で買掛金があるというような場合に、売掛金の支払いを受ける一方で買掛金を支払うのではなく、この2つの債権債務を対当額で消滅させて、相殺する金額の範囲では相互に現金のやりとりは行わないというのが相殺です。

そして、法律（民法505、506）の規定により、自働債権（上記A社のB社に対する売掛金債権のことです。これに対し上記B社のA社に対する債権のことは受働債権といいます）が弁済期にあれば、相殺する側＝上記A社の一方的意思表示により相殺できるのが、法定相殺です。

賃金全額払いの原則から禁止されるのは、この法定相殺です。

つまり、会社から従業員に対する貸付金がある場合でも（Qの❶）、貸付金の返済として、会社が一方的に、毎月の返済分を賃金から天引き（控除）して残額を支払うことはできません。労働基準法違反となり刑罰を科されることもあります。これは損害賠償金についてもまったく同じです（Qの❷）

3 賃金全額払いの原則の例外（賃金控除の書面協定）

　賃金はその全額を支払わなければならないという原則の例外として、労働基準法24条1項但書後段が定めるのは、次の2つです。
1)　法令に別段の定めがある場合
　この場合の典型は、所得税の源泉徴収や社会保険料の控除です。
2)　賃金控除の書面協定がある場合
　事業所（企業単位ではなく「事業所」単位です）の労働者の過半数で組織する労働組合、そのような労働組合がないときは労働者の過半数を代表する者との書面協定がある場合です。
　この代表例は、労働組合費を賃金から天引きする例（チャックオフなどと呼ばれます）ですが、それに限定されているわけではありません。
　この協定のなかに、会社からの貸付金についても賃金控除の対象になることや、控除を行う賃金支払日に関する記載があるときは、会社から従業員に対する貸付金について（Qの❶）、毎月の返済分を賃金から天引き（控除）して残額を支払うことも可能です。
　なお、この協定があるとしても、賃金の4分の3に相当する部分は民事執行法152条1項二号で差押禁止債権とされ、民法510条は差押禁止債権を受働債権とする相殺を禁止していることから、会社が賃金から一方的に控除する場合の毎回の控除額は、原則として賃金額の4分の1が限度になり、これを超えて相殺しようとするときは、次の❹の合意相殺の方法をとることになります。
　ところで、この協定による賃金控除は、「事理明白なもの」についてのみ認めるとするのが厚生労働省の解釈といえます（「労働基準法の一部を改正する法律等の施行について」昭和27年9月20日基発675号）。この点からすると、損害賠償責任の有無、損害額の確定、過失相殺というような問題（損害賠償債権の有無や範囲が「事理明白」とはいえません）を伴うのが通例の損害賠償金（Qの❷）は、対象外になると思われます。

4 合意相殺

1）合意相殺に関する判例（日新製鋼事件・最判平成2年11月26日）

前記のように賃金全額払いの原則から禁止されるのは、当事者の一方的意思表示によって行う法定相殺ですが、当事者（会社と従業員）双方の合意による相殺や、当事者双方の合意によって相殺の予約（あらかじめ、一定の場合には相殺することを約束しておくこと）をすることは、許されるでしょうか。

この点をめぐって、上記の判例は、相殺の合意（その予約を含みます）については、相殺に関する労働者の同意が労働者の自由な意思に基づいてされたものであると認めるに足りる合理的な理由が客観的に存在する場合には、許されるとしています。

2）合意相殺を認める判例の射程範囲

それでは、どのような場合が、「労働者の自由な意思に基づいてされたものであると認めるに足りる合理的な理由が客観的に存在する場合」にあたるのでしょうか。

この判例は、「合理的な理由が客観的に存在する」ことを求めていますが、これは単に本人の署名押印ある合意書があれば足りるということではありません。

この判例の事案からすると、使用者の債権を担保するための相殺に同意することが客観的に見ても合理性を持つといえる事情が必要といえます。つまり、労働者にとっても相殺に同意することが利益になることが客観的に認められるという事情があれば、労働者の自由な意思に基づいてされたものであると認めるに足りる有力な材料となり、相殺の合意（その予約を含みます）は有効といえることになると思われます。

3）労働者にとっても相殺に同意することが客観的に見ても合理性を持つといえる事情として考えられるもの

a） **会社の債権が労働者のためにする事情により生じたといえる場合**

たとえば、会社から従業員に対する貸付金が従業員の住宅所得のための社

内融資だったというような事情が、これにあたります。

　b)　**従業員が賃金との相殺に同意することで、従業員に有利になる事情が認められる場合**

　上記の社内融資を受けるには賃金との相殺に同意する必要があるとしても、他方で、金利や返済期間の点、さらには担保の設定や保証人が不要な点で、借入条件は、銀行等の住宅ローンよりも有利といえる事情が、これにあたります。

　c)　**上記以外の同意に至る付随的事情**

　これに関するものとしては賃金との相殺について十分に理解していたか、どの時点で同意したかなど（借入時か、返済に窮してからかなど）が問題になるように思われます。

4）会社から従業員に対する貸付金の場合（Qの❶）

　基本的には前記a)、さらには貸付条件が銀行よりも有利であればa)に加えてb)にも、該当するといえます。したがって、前記c)の点で「労働者の自由な意思」の存在に疑念を生じさせる事情がなければ、「労働者の自由な意思に基づいてされたものであると認めるに足りる合理的な理由が客観的に存在する」ものとして、相殺の合意（その予約を含みます）は有効であるといえます。

　そこで、当該従業員との間で、あらかじめ相殺の合意があるときは、貸付金の返済として、毎月の返済分を賃金から天引き（控除）して残額を支払うことは可能と思われます。

　これに対し、会社に対する損害賠償金を貸金に振り替えたような場合には（損害賠償金相当額を会社が貸し付け、それにより従業員に損害賠償金を支払わせ、会社には損害賠償金ではなく貸金だけがあるとするような場合）、会社に損害を与えた従業員に対する損害賠償金の場合（Qの❷）と同じく、原則的には前記a)にもb)にも該当するといえないので、たとえ当該従業員との間で、相殺の合意があるときでも、毎月の返済分を賃金から天引き（控除）して残額のみを支払うことはできません。

5）会社に損害を与えた従業員に対する損害賠償金の場合（Qの❷）

　前記❸で述べたように、損害賠償金には、損害賠償責任の有無、損害額の確定、過失相殺というような問題が伴うのが通例であり、原則的には前記a)にもb)にも該当するといえないので、たとえ当該従業員との間で、相殺の合意があるときでも、賃金から損害賠償金を差し引いた残額のみを支払うことは許されません。

　これに対し、損害賠償金について例外的に、「労働者の自由な意思に基づいてされたものであると認めるに足りる合理的な理由が客観的に存在する」ものとして、相殺の合意（その予約を含みます）は有効であるといえる可能性があるケースとは、次のような場合ではないかと思われます。

　すなわち、会社が保管する現金の窃盗や売上金の横領のように、その事実および被害金額が明確である場合で（損害賠償責任の有無や損害額の確定に疑問の余地がなく過失相殺も問題にならないといえます）、賃金からの相殺合意を伴う示談によって刑事告訴を免れるなどの従業員に有利になる事情（前記b)に該当）が認められるような場合と思われます。

（今村　哲）

Q11 年俸制における賃金の取扱い

当社では、一部の従業員について賃金を年俸制にすることを検討しています。
❶ 期間の途中で年俸額を減額することは可能でしょうか。
❷ 年俸制の場合でも残業代を支払う必要があるのでしょうか。
❸ 年俸制の場合でも遅刻や欠勤について賃金をカットすることは可能でしょうか。

A❶ 年俸額を期間中に一方的に減額することはできません。

A❷ 年俸制の場合でも他の賃金制度の場合と同様、残業代を支払う必要があります。

A❸ 年俸制の場合でも遅刻・欠勤により労務の提供がなかった分の賃金請求権は発生しません。

1 年俸の減給

　使用者と労働者との間で、年俸額を確定的に合意した場合、当該年度の途中で使用者が一方的にこれを引き下げることは許されません（シーエーアイ事件・東京地判平成12年2月8日）。
　それでは、翌年以降の年俸額を減額する場合はどうでしょうか。
　年俸制は、1年間にわたる仕事の成果に対する評価によって、翌年度の賃金額を設定しようとする制度であり、その評価によっては年俸の減額がありうるとはいえ、使用者が無制限に減額できるわけではありません。裁判例のなかには、成果・評価基準、年俸額決定手続き、減額の限界の有無、不服申立手続き等が制度化されて就業規則等に明示され、かつ、その内容が公正な場合に限り、使用者が一方的に年俸額を決定することができるとした事例が

あります（日本システム開発研究所事件・東京高判平成20年4月9日）。

2 年俸制と残業代

労働基準法上、残業代を支払う必要がない場合は限定的に定められていますので（**Q13**「残業代の支給対象者、消滅時効」を参照）、年俸制自体は残業代の支払義務を免れる理由にはなりません。

年俸制の残業代は、年俸額を12で除して月額賃金を計算してから、月給の場合に準じて計算することになります（労基則19①五）。

なお、通常、賞与は、「一箇月を超える期間ごとに支払われる賃金」（労基則21五）に該当し、残業代の算定の基礎から除外されますが、年俸制度で、支給額があらかじめ確定している賞与（たとえば年俸額の17分の1を月例給与として支給し、17分の5を二分して、6月と12月に賞与として支給する場合）については、この規定には該当せず、残業代の算定基礎から除外できないとされています（「年俸制適用労働者に係る割増賃金及び平均賃金の算定について（回答）」平成12年3月8日基収78号）。

3 年俸制と遅刻・欠勤

年俸制は、あくまでも月給制、日給制、時給制等の賃金の決定方法の一つであり、賃金の取扱いについての基本的なルールは、他の制度と異なるものではありません。

したがって、いわゆるノーワーク・ノーペイの原則（賃金請求権は労務の給付と対価関係にあるものであり、労務の提供がない場合は、反対給付たる賃金も支払われないという原則）により、遅刻・欠勤した時間に相当する賃金請求権は発生しないということになります。

遅刻・欠勤があった場合の具体的な控除額の算定方法については、紛争予防の観点から、就業規則に明記しておくことが望まれます。

ところで、遅刻した時間に相当する賃金額を超えた減給は、制裁とみなされ、労働基準法91条に定める減給の制裁に関する規定の適用を受けるとさ

れています（昭和63年3月14日基発150号）。同条は、1回の減給額が平均賃金の1日分の半額を超え、減給の総額が1賃金支払期における賃金の総額の10分の1を超えてはならないと定めているので、たとえば、就業規則上、1回遅刻するたびに制裁として月給の10％をカットすると定めても、2回遅刻したことを理由に月給の20％をカットすることはできないということになります。

（船本　美和子）

Q12 賃金格差

当社では、正社員（無期労働契約を締結している従業員）は各種手当や退職金の支給の対象となりますが、契約社員（有期労働契約を締結している従業員）はこれらの支給対象ではありません。このたび、ある契約社員から、このような差異があるのはおかしいという指摘を受けました。会社として何らかの是正措置をとる必要があるのでしょうか。

A 問題視されている各手当や退職金といった項目ごとに、職務の内容、当該職務の内容および配置の変更の範囲等を考慮して、不合理な差異にあたるかどうかを検討する必要があります。不合理な差異にあたる場合には、当該契約社員に対して補償を行うとともに、契約社員の労働条件に関する規定を修正するなどの是正措置をとることが望ましいです。

1 労働契約法20条について

有期契約労働者と無期契約労働者の労働条件に相違がある場合について、労働契約法20条は「当該労働条件の相違は、労働者の業務の内容及び当該業務に伴う責任の程度、当該職務の内容及び配置の変更の範囲その他の事情を考慮して、不合理と認められるものであってはならない。」としています。この規定は、有期契約労働者と無期契約労働者との間で労働条件の相違があればただちに不合理だと断ずるものではなく、①労働者の義務の内容、②当該業務に伴う責任の程度、③当該職務の内容および配置の変更の範囲、④その他の事情といった要素を考慮して、不合理な労働条件の相違と認められる場合を禁止するものです。

なお、ここで検討対象とされるべき「労働条件」とは、賃金や労働時間に限らず、労働契約の内容となっている災害補償、服務規律、教育訓練、付随

義務、福利厚生等、労働者に対する一切の待遇を包含するものです。

2 各種手当や退職金の支給の有無の差異は不合理か

　それでは、正社員（無期労働契約を締結している従業員）は各種手当や退職金の支給の対象となる一方で、契約社員（有期労働契約を締結している従業員）はこれらの支給対象ではないというのは、労働契約法20条が禁止する不合理な労働条件の相違にあたるでしょうか。

　この点に関して、厚生労働省の通達（「労働契約法の施行について」平成24年8月10日付基発0810第2号）によれば、労働契約法20条の「不合理」性の判断は、有期契約労働者と無期契約労働者との間の労働条件の相違について、職務の内容、当該職務の内容および配置の変更の範囲その他の事情を考慮して、個々の労働条件ごとに判断すべきとされています。

　ご質問の件では、詳細な事情は明らかではありませんが、問題視されている各手当や退職金といった項目ごとに（一つひとつの労働条件ごとに）、職務の内容、当該職務の内容および配置の変更の範囲等を考慮して、不合理な差異にあたるかどうかを検討する必要があります。

　たとえば、最近の裁判例では、定年後に有期雇用で再雇用された原告らが、定年の前後で仕事の内容等が変わらないのに賃金が減額されたのは不合理であるとして、差額賃金の支払い等を求めたケースがありますが、裁判所は、現代の高齢者の雇用をめぐる状況からして定年後の再雇用の場合に賃金が定年前より減額されること自体には合理性があるとしたうえで、同業種ないし同規模の企業で定年後の賃金が減額されるケースが多いこと、賃金の減額幅が同規模の企業の減額幅と比較して下回ること、被告企業の本業が赤字であることなどを総合考慮して、賃金減額の不合理性を否定しました（長澤運輸事件・東京高判平成28年11月2日）。

3 各種手当や退職金の支給の有無の差異が不合理である場合の対応

　仮に、有期契約労働者には各種手当や退職金の支給がないことが不合理な

差異であると判断される場合、会社の側としてはどのような対応をとればよいでしょうか。

　労働契約法20条の規定自体からは同法に反する不合理な差異の取扱いは定かではありませんが、前掲の厚生労働省通達は次のように補足しています。
- 当該不合理な労働条件の定めは無効である。
- 労働者から会社に対して不法行為に基づく損害賠償が認められうる。
- 無効とされた労働条件については、基本的には、無期契約労働者と同じ労働条件が認められると解される。

　なお、上記の3点目については、労働条件に関係する各規定（就業規則、労働協約、労働契約等）の合理的な解釈の結果、有期契約労働者に対して無期契約労働者の労働条件を定めた規定を適用しうる場合に「同じ労働条件が認められる」のであって、どのような場合でも自動的に無期契約労働者の労働条件が適用されるわけではないと解釈されています（ハマキョウレックス事件・大阪高判平成28年7月26日）。

　ご質問の件について検討すると、有期契約労働者には各種手当や退職金支給がないことが、労働契約法20条が禁止する不合理な差異である場合には、もし有期契約労働者から企業に対する損害賠償請求、または無期労働契約者と同じ労働条件が適用されることを前提とした各種手当や退職金の支払請求がなされれば、これらが認められる余地があることになります。

　したがって、企業としては、無期契約労働者からの具体的な金銭請求に先んじて、当該無期契約労働者に対して補償を行い、紛争の顕在化と拡大を防ぐことを検討すべきでしょう。また、無期契約労働者の労働条件に関する規定そのものを見直す必要もあります。

同一労働同一賃金は実現するか

　従来から、非正規雇用労働者（有期雇用労働者、パートタイム労働者、派遣労働者）の就労状況を改善し、正規か非正規かという雇用形態による差別のない均等・均衡待遇をめざして、「同一労働同一賃金」の実現が提唱され

てきました。

　この点について、ここで見たように、労働契約法20条は、有期契約労働者と無期契約労働者との間で労働条件の相違があればただちに不合理とするものではなく、あくまで合理的な理由による賃金差等を許容することを前提とするものでした（パートタイム労働法8条にも同様の規定があります）。

　そこで、現在、政府は「同一労働同一賃金」の実現に向けて検討を進めており、平成28年12月20日には「同一労働同一賃金ガイドライン案」を定め、さらに平成29年3月28日には働き方改革実現会議において「働き方改革実行計画」を決定し、同一労働同一賃金の法改正の方向性等を示すに至りました。

　今後の法改正や制度整備の動向が注目されるところです。

（山口　智寛）

Q13 残業代の支給対象者、消滅時効

在職中は当社店舗の店長の地位にあった元従業員が、当社に対し在職中の残業代の支払いを求めてきました。
❶ 当該元従業員は残業代の支給対象者になるのでしょうか。
❷ ❶が肯定される場合、在職中に支給してきた管理職手当を残業代に充当することはできないでしょうか。
❸ 残業代を支払う必要がある場合、対象期間はどの程度でしょうか。

A 当該元従業員が、労働基準法の管理監督者に該当しない限り、請求のときから過去2年間に発生した残業代について支払う必要があります。ただし、支給してきた管理職手当が残業代に充当できる場合には、その分の支払いを免れることができます。

1 管理監督者

　管理監督者とは、労働基準法41条二号の「監督若しくは管理の地位にある者」、すなわち、事業主に代わって労務管理を行う地位にあり、労働者の労働時間を決定し、労働時間に従った労働者の作業を監督する者をいいます。
　この管理監督者について、行政通達では、「労働条件の決定その他労務管理について経営者と一体的な立場にある者」であり、「名称にとらわれず、実態に即して判断すべき」ものとされていますが、具体的には、①当該従業員が、事業主の経営に関する決定に参画し、労務管理に関する指揮監督権限を認められているかどうか、②自己の出退勤をはじめとする労働時間について一般の従業員と同程度の規制管理を受けているかどうか、③賃金体系を中心とした処遇が、一般の従業員と比較して、その地位と職責にふさわしい厚遇といえるかどうか、などの勤務実態に即して判断すべきものとされています（育英社事件・札幌地判平成14年4月18日ほか）。

なお、この「経営者と一体的な立場にある者」、「事業主の経営に関する決定に参画し」については、企業全体の運営に関与していなければならないと考える必要はなく、担当する組織部分について経営者の分身として経営者に代わって管理を行う立場にあることが「経営者と一体的な立場」であり、当該組織部分が企業にとって重要な組織単位であれば、その管理を通して経営に参画することが「経営に関する決定に参画し」にあたると考えるべきものとされています。

2 具体的な考慮要素

前項**1**の①から③について、判決の規範としては具体的であるのは事実ですが、実際にどういった事情が考慮要素になるのかという点からすると、定かでないのも事実です。

そこで、前掲の育英社事件を例に、具体的にどのような事情が考慮されているかを見ておきたいと思います。

まず、①経営への参画や労務管理の指揮命令権限の点についてです。約20の教室を有し、正社員28名、時間講師およびパート従業員約150名を擁する学習塾を経営する株式会社の営業課長だった原告は、管理する5教室について人事管理を含む管理業務全般の事務を担当していましたが、それらの業務について形式的にも実質的にも裁量的な権限は認められていませんでした。また、社長および営業課長らで構成されるチーフミーティングに出席し、会社の営業に関する事項についての協議に参加する資格を有していましたが、それは社長の諮問機関の域を出ないものにすぎませんでした。

次に、②勤務形態の点については、上記チーフミーティングに出席する以外は、本部あるいは管理下の教室のいずれで執務をするかについての裁量がありましたが、本部および各教室における出退勤についてはタイムカードで他の従業員と同様に勤怠管理がなされており、（本部および各教室に）出勤するかどうかの自由が認められていたということはありませんでした。

そして、③処遇の点については、課長に昇進してからは課長手当の支給に

より1万2000円ほど支給額が上がり、賞与も多少増額となり、接待費および交通費として年間30万円の支出が認められ、平成11年に一度だけとはいえ、業績に応じた課長報奨金として70万円が支給されるなど、給与面等での待遇が上がっていることは確かでした。しかし、賞与の支給率は他の事務職員や教室長より高いとはいえ原告に匹敵する一般従業員もいること、課長報奨金を賞与として考慮するとその待遇は一般の職員のそれを凌駕するものの平成11年に一度だけ支給されたにすぎないこと、課長手当増額分、接待費交通費、課長報奨金、賞与増額分の合計約130万円も、課長昇進前の時間外労働に対する割増賃金額には及ばないこと、などの事情がそれぞれ考慮され、結果的に管理監督者にはあたらない、と判断されています。

3 役職手当等の残業代への充当の可否

　管理監督者と残業代の問題に絡み、時間外・休日労働手当が支給されていなかった管理職が管理監督者と認められなかった場合に、支給していた管理職手当を残業代に充当できるか、という問題があります。

　この充当が認められれば、会社は、残業代の支払額を抑えることができますが、その逆の場合、管理職手当は法定の除外賃金にあたらないため、これが残業代の計算基礎に算入されるということになり、会社にとってその当否は、非常に重要な問題になります。

　この点、管理職だった課長代理について、管理職手当（以下の事件では、「特励手当」という名称が用いられていました）の残業代への充当を肯定した東京高判平成21年12月25日（東和システム事件）では、特励手当について、①所定時間外労働が恒常的に予定される「課長代理」以上の職位に支払われるものであること、②基本給の30％に相当する金額であって、同じ職位の者でも基本給が異なれば金額が異なり、職位そのもののみに関係しているとは言い難いこと、③（特励手当の前身である精励手当について）給与規程において超過勤務手当は精励手当の受給者には支給しないと規定され、超過勤務手当の支給と精励手当の支給とは重複しないもの（択一的であること）とされ

ていたこと、④会社においても超過勤務手当に代替してこれを塡補する趣旨のものであると認識していること、⑤会社において、超過勤務手当と特励手当を重複して支給したことはないこと、⑥給与規程において超過勤務手当も特励手当も基準外給与として規定され、まず超過勤務手当について定めた後、特励手当について定めていること、⑦課長代理に超過勤務手当を支給すると、一般職のときには超過勤務手当の支給しか受けなかったのに、課長代理に昇任するとこれに加えて特励手当の支給も受けることになり、さらに課長に昇任すると逆に特励手当の支給しか受けられなくなって不利益となるといったように、このような給与規程の解釈は不合理であること、⑧課長代理としての基本給がことさらに低額に抑えられているとは言い難いこと、といった事実を認定し、特励手当を超過勤務手当算定の基礎となる賃金から除外し、残業代に充当するべきものと判断しています。

4 賃金請求権の時効

労働基準法上、賃金の請求権は2年間で消滅時効にかかることが規定されています（労働基準法115）。民法では、1年間の短期消滅時効が定められていますが（民法174一）、労働基準法はその特則ということになります。

5 ご質問のケースの検討

以上を前提にご質問の内容を検討してみましょう。

まず、店舗の店長だった当該元従業員が残業代の支給対象者になるか否か（Qの❶）ですが、すでに見たとおり、当該元従業員が、管理監督者にあたらない限り、残業代の支給対象者になることになります。

管理監督者か否かについては、貴社の規程および勤務実態に即して判断することになりますが、ご質問のような店舗の店長について残業代が争われた事例は多いものの、管理監督者である旨の会社の主張が肯定された例は多くないのが実情です。

当該元従業員が残業代の支給対象者になるとしても、残業代の塡補の趣旨

で管理職手当を支給してきたなどの事情がある場合（Qの❷）には、当該管理職手当は基準外給与として残業代算定の基礎となる賃金には含まれず、発生した超過勤務手当に充当される、との主張が可能かどうかを検討すべきです。ここでも、給与規程を含む実態が極めて重要な要素となります。

　そして、管理職手当が残業代に充当可能か否かにかかわらず、いずれの場合であれ、請求されたときからさかのぼること2年間に発生した残業代について支払義務を負担することになります（Qの❸）。

　なお、支払いが遅れた分については、当該従業員が退職していることから、年率14.6％の遅延損害金を付して支払う必要があります（賃金の支払の確保等に関する法律6①、同施行令1）。

（中井　寛人）

> ## Q14 残業代の定額支給
>
> 従業員に支払う残業代の割増賃金について、毎月一定時間分を固定額として支給することは可能でしょうか。

> **A** 一定の条件を満たすときは可能です。
> しかし、それによって法定の割増賃金よりも安く済むことにはなりません。むしろ、割増賃金として支払っているはずの固定額分までもが割増賃金の計算基礎に算入されて想定外のコストになる危険性もあるので、コスト面を考えての固定額払いであれば、避けるのが賢明です。

1 残業と時間外労働

まず、残業に関する用語の意味を整理しておきましょう。

1）残業とは何か

残業とは、一般的な用語の意味としては、所定労働時間を超えて行う労働のことです。

そして、所定労働時間とは、就業規則その他で定められた実労働時間です。すなわち、就業規則所定の就業時間（始業時刻から終業時刻までの時間）から休憩時間を除いたものとなります。

2）時間外労働とは何か

時間外労働とは、労働基準法上は、1日8時間、1週40時間の法定労働時間を超えた労働のことです。

残業代の定額支給で問題となるのは、主として、この時間外労働に該当する部分の「残業代」です。

3）法内残業とは何か

法内残業とは、所定労働時間は超えるものの、法定労働時間の範囲内の残業です。

たとえば、就業規則その他による所定労働時間が7時間の会社の場合に1時間の残業をするときです。法定労働時間の8時間を超えないので、労働基準法上の時間外労働には該当せず、労働基準法に基づく時間外労働の割増賃金支払いもする必要がありません。

しかし、就業規則（賃金規程）や労働契約が法内残業分も割増賃金の支給対象にしている場合には、これら賃金規程等に基づく割増賃金の支払いが必要になります。また、これら賃金規程等が法内残業分を割増賃金の支給対象にしていない場合でも、（割増ではない）通常単価賃金の支払いが必要になるのが通常だといえます。

2 時間外労働等の割増賃金の計算（その1）——法定の割増率
（労働基準法37①、労基則20、割増賃金令）

次に、時間外労働等の割増賃金について、法定の割増率を確認しておきましょう。残業代の定額支給で問題となるのは、主として、これら法定の割増率により計算された割増賃金との関係です。

1）時間外労働の割増率／月60時間以内の場合
① 深夜業でなければ25％増し。
② 深夜業（午後10時から午前5時）の場合は50％増し。

2）月60時間を超える時間外労働に対する割増率

平成22年4月1日施行の改正労働基準法により、月60時間を超える時間外労働に対する割増率は50％増しとなっていますが、中小企業については、当分の間、割増率の引上げは猶予されます（労働基準法138）。

ここでいう中小企業とは、①資本金額または出資総額が3億円以下（小売業またはサービス業を主たる事業とする企業の場合は5000万円以下、卸売業を主たる事業とする企業の場合は1億円以下）か、②事業主を含め常時勤務する労働者の数が300人以下（小売業を主たる事業とする企業の場合は50人以下、卸売業またはサービス業を主たる事業とする企業の場合は100人以下）の企業、と定められています。たとえば、製造業であれば資本金5億円でも従業員数が

300人以下であれば中小企業に該当します。

3）休日労働の割増率
① 深夜業でなければ35％増し。
② 深夜業（午後10時から午前5時）の場合は60％増し。

4）休日労働で8時間を超える部分の割増率
深夜業でなければ35％増し。

3 時間外労働等の割増賃金の計算（その2）──割増賃金の計算基礎から除外できる賃金（労働基準法37⑤、労基則21）

割増賃金の計算基礎から除外できる賃金は、次のものに限られます。
これ以外のものは計算基礎に算入されます。また、次の①から⑤は、除外賃金に該当するか否かが、名称によってではなく実質的に（労務提供に直接関係しない個人の事情に応じて支給されるものか否かで）判断されます。

① 家族手当
② 通勤手当
③ 別居手当
④ 子女教育手当
⑤ 住宅手当（住宅に要する費用に応じて算定されるもの）
⑥ 臨時に支払われる賃金（賞与など）
⑦ 1か月を超える期間ごとに支払われる賃金（勤務成績に応じて3か月に1回支給されるインセンティブ手当など）

4 残業代定額支給の可否と限界

1）残業代定額支給の可否（毎月一定時間分を固定額として支給する場合）

固定額で支払われる金額が、法所定の計算による割増賃金額を下回らない限りは適法といえます（関西ソニー販売事件・大阪地判昭和63年10月26日、三好屋商店事件・東京地判昭和63年5月27日）。
なお、ここでいう法所定の計算とは、前記3の除外賃金以外のすべての賃

金を計算基礎にして時間単価を算出し、それに前記**2**の割増率を乗じて割増賃金単価を算出し、そこに前記**1**の 2) の時間外労働の時間数を乗じる計算方法のことです。

2) 残業代定額支給の限界——明確区分性の要求

残業代を定額支給する場合、その名称が「営業手当」とされるように、それが時間外労働の対価として支払われているかが不明な場合があります。このように割増賃金に相当する部分とそれ以外の賃金部分が明確に区別できない場合には、たとえ固定額で支払われる金額が、法所定の計算による割増賃金額を下回らない場合でも、時間外労働に対する割増賃金の支払いがされたとは認められません。

つまり、残業代を定額支給する場合には、割増賃金部分とそれ以外の賃金部分の明確区分性が要求されます（前掲の三好屋商店事件、国際情報産業事件・東京地判平成 3 年 8 月 27 日、協立メンテナンス事件・大阪地判平成 8 年 10 月 2 日、アクティリンク事件・東京地判平成 24 年 8 月 28 日）。

ところで、残業代の定額支給という場合、基本給一体型と呼ばれるもの（基本給のなかに割増賃金が組み込まれているもの）もありますが、このタイプの定額支給が上記の明確区分性の要求を満たすことは難しいと思われます（基本給一体型に関する判例として小里機材事件・最判昭和 63 年 7 月 14 日）。なお、明確区分性を欠くにもかかわらず割増賃金が基本給に含まれるとした判例もありますが（モルガン・スタンレー・ジャパン事件・東京地判平成 17 年 10 月 19 日）、この事案の労働者は時間管理を受けることなく働いて月額 180 万円を超える基本給を得ていたという点で、特殊な例といえます。

3) 残業代定額支給が合法とされる条件

前記 1) の法所定の計算による割増賃金額を下回らないという条件を満たしたうえで（次の①および④）、さらに明確区分性を満たすための条件（次の②および③）としては、次のようなものが考えられます。

① 前記 1) のとおり、残業代定額支給分が法所定の計算による割増賃金額を下回らないこと。

② 就業規則（賃金規程）等において、定額支給分（たとえば「営業手当」という名称での支給分）が、時間外労働の割増賃金に相当する支給であることを明記すること。

なお、就業規則（賃金規程）が労働者に周知（**Q28**の解説参照）されていないと、この条件を満たさないとされる可能性があります。

③ 上記②の定額支給分が、何時間分の割増賃金に相当するかが労働者に明示されていること。

そして、何時間分の割増賃金に相当するかを明示するうえでは、通常時間単価と割増賃金における時間単価の明示も、リスクヘッジまたはフェールセーフの観点からは必要と思われます。

ところで、法所定の計算による割増賃金額は、基本給が変わると変動するので、基本給が変わるときには、それに応じて定額支給分も変更するか、上記の時間数（「何」時間の部分）を調整することが必要になり、そのような変更ごとに何時間分の割増賃金に相当するかを労働者に明示する必要があります。これを怠れば明確区分性は否定されると考えられます。

そこで、何時間分に相当するかという部分＝時間数が労働者ごとに異なるときは、労働者各人ごとに交付される人事辞令等（異動後の賃金額が記載されたもの）または毎月の給与明細に、定額支給分（上記の例では「営業手当」）が何時間分の割増賃金に相当するかを明記しなくてはならないといえます。

また、前記**1**の3)の「法内残業」が生じる会社では、同2)の「時間外労働」があるときには必然的に法内残業も生じるので、法内残業分をどのように扱うかも問題です。この場合、何時間分の割増賃金に相当するかを明示するに際して、法内残業分（法内残業に対して支払われる分：その会社の規程に応じて割増賃金となる場合もあれば通常単価賃金となる場合もあります）と時間外労働分（法定の割増賃金分）に割り振るか、そうでなければ法内残業分は上記②の定額支給分とは別に支払うことにする必要があります。

④ 残業代定額支給分によりまかなわれる残業時間数（上記③の時間数）を超える残業が行われた場合には、その超過時間分について、別途、割増賃

金が支給される制度になっているか、少なくとも、そうした取扱いが確立していること。

4）前記の条件を満たさないことによって残業代定額支給が想定外のコストになる危険性

　前記の各条件を満たさないときは、定額残業代は、時間外労働に対する割増賃金の支払いとは認められません。

　そして、前記❸のとおり割増賃金の計算基礎から除外できる賃金は限定されていますから、定額残業代として固定額で支払われる金額は、割増賃金の計算基礎に算入されます。

　つまり、定額残業代によって未払いの割増賃金額が減るのではなく、割増賃金の計算基礎額が大きくなることで、逆に未払いの割増賃金額が増える結果となります。残業代の定額支給には、このような想定外のコストを増やしてしまう危険性があります。

（今村　哲）

Q15 退職金の取扱い

当社では、就業規則等に退職金に関する規定はありませんが、従前は退社した従業員に退職金を支払っていました。今回退職した従業員は、在職中から態度が反抗的だったため、代表取締役の一存で退職金を支払わなかったのですが、当社に対して退職金を請求してきました。当該元従業員の請求に応じる必要はあるのでしょうか。

A

就業規則等に退職金に関する規定がない場合でも、客観的に明確な支給基準に基づき支給される労使慣行が存在する場合は、そのような支給基準に基づき計算された退職金を支払う必要があります。他方で、就業規則等に退職金に関する規定がなく、上記のような慣行も存在しない場合には、支払うべき退職金はないということになります。

1 退職金の法的性格

一般的な用語として「退職金」と称されるものには、賃金としての性格を有する退職金と、そのような性格を有しない退職金があります。

税務の世界では、退職に伴って支給されるものは、いずれも退職所得の扱いを受ける点では同じかもしれませんが、労働法の世界では区別されることになります。

そして、賃金としての性格を有する退職金は、労働基準法24条1項、120条一号により不払いには刑罰が科されることもありますが、賃金としての性格を有しない退職金にはこれらの規定は適用されず、支払いは会社の任意の判断ということになります。

後者の退職金は、労働法の世界では「任意恩恵的給付」と呼ばれ賃金としての性格を有する退職金とは区別されるので、以下では、本書でも、賃金としての性格を有しないものは、「任意恩恵的給付」と記載します。

2 賃金としての性格を有する退職金の範囲

　賃金（労働基準法11、24）とは、労務提供の対価です。
　そこで、退職金は、どのような場合に労務提供の対価といえるのかが問題です。
　労務提供の対価である賃金としての性格を有する退職金に該当するのは、次のいずれかに該当するときです。以下の場合は、支給の有無や支給内容がもっぱら使用者の裁量に委ねられている任意恩恵的給付とは異なり、退職金の支給が労働契約の内容となって使用者に支払義務を生じさせるといえます。

① 労働協約、就業規則（退職金規程）、労働契約などにより、支給のあること、および支給基準（計算基礎額や支給率等の支給額算出方法）が定められている場合（住友化学事件・最判昭和43年5月28日）。

② 労働協約、就業規則（退職金規程）、労働契約などに退職金支給に関する規定がない場合でも、客観的に明確な支給基準に基づき支給される労使慣行が存在する場合（このような労使慣行の存在を認めた近年の例としてキョーイクソフト事件・東京高判平成18年7月19日）。

3 労使慣行により退職金支給が必要になる場合――どのような場合に退職金支給の労使慣行が認められるか

1）客観的に明確な支給基準等の存在

　労使慣行により退職金支給が必要になる場合とは、労働協約、就業規則（退職金規程）等で支給のあること、および支給基準が定められているのと同じ程度に、客観的に明確な支給基準等を確認できる場合です。
　そうした場合、過去に退職した従業員には退職金を支払っていたという事実だけでは足りず、客観的に明確な支給基準が存在し、それに基づいて支給額が計算されていた事実が必要です。つまり、労働協約、就業規則（退職金規程）等の書面による規定がなくても、退職金計算における基礎額や支給率

等の支給額算出方法が、客観的かつ明確に確認できる場合といえます。

このように支給額計算方法が明確である場合には、使用者の裁量に委ねられる余地なく支給額を計算できるので、任意恩恵的給付とは区別されることになります。

2) 1)の支給基準に基づく退職金支給という事実の積み重ね

退職金支給が必要になる労使慣行が認められるためには、客観的に明確な支給基準に基づいて退職金が支給されているという事実の積み重ねが必要といえます。

どの程度の積み重ねがあれば、労使慣行の存在が認められるかは一概にはいえませんが、前掲のキョーイクソフト事件の事案では昭和57年から平成8年11月末までの継続があることをもって、退職金支給に関する労使慣行の存在を認めています。

退職金支給という事実の積み重ねについて、つねに10年以上に及ぶ実績が必要とされるとはいえないと思いますが、それにしても、たとえば過去5年の間に2回程度というのでは、事実の積み重ねとしては不十分とされるかもしれません。

もっとも、この点は上記1)の支給基準等の客観性・明確性の問題と関係してくるのではないかと思います。つまり、客観的に明確な支給基準の存在が明らかであれば事実の積み重ね期間は短くても労使慣行が認められやすくなり、反対に、支給基準等の客観性・明確性がそれほどでもないときは求められる事実の積み重ね期間が長くなる（長期にわたる事実の積み重ねがないと退職金支給の労使慣行を認めづらい）といえるでしょう。

3) ご質問のケースの検討

お尋ねのケースについても、上記の1)および2)のいずれにも該当するときは、退職金支給の労使慣行が認められ、退職した従業員への退職金支払いが必要になります。

反対に、上記の1)および2)の双方、もしくはいずれかに該当しないときは、退職した従業員への退職金支払いが必要とはいえません。

4 退職金の不支給

前記3に基づくと、退職した従業員への退職金支払いが必要になる場合に、当該従業員の在職中の態度が反抗的だったことを理由に退職金を不支給とすることは、できるでしょうか。

答えは「できない」となります。

1) 退職金の功労報償的性格

退職金には、前記の賃金としての性格のほかに、通常、支給率が勤務年数に応じて累進的であることを理由に、功労報償的性格も認められるとされています。

2) 退職金の不支給あるいは減額ができる場合とその限度

この退職金の功労報償的性格から、就業規則（退職金規程）等において、懲戒解雇の場合などに退職金を不支給あるいは減額とする旨を定めることは一定限度は許されるとされています（懲戒解雇等による不支給の事案ではありませんが参考となる判例としては、中部日本広告社事件・名古屋高判平成2年8月31日）。

そして、これが許される限度としては、過去の功労を抹消（不支給の場合）、減殺（減額の場合）する事実があるときに、そこに認められる顕著な背信性の限度であるとされています。このような限界があるのは、前記のように、退職金には賃金としての性格もあるからです。

3) ご質問のケースの検討

お尋ねのケースについても、退職金支給の労使慣行が認められ、かつ、当該労使慣行には一定の不支給事由も含まれている場合には、これを適用して不支給にできないかが問題となります（ただし、このように不支給事由までが含まれる労使慣行の存在が認定される事案は極めて稀だと思います）。

なお、退職金支給の労使慣行に不支給事由が含まれるといえない場合には、不支給とすることはできません。

前記のように、不支給が許される限度は、過去の功労を抹消する事実があ

るときに、そこに認められる顕著な背信性の限度とされていますが、ここには、態度が反抗的ということは含まれません。背信性と反抗的態度は、次元の異なるまったく別の問題です。

したがって、在職中の態度が反抗的だったことを理由に退職金を不支給とすることはできません。

(今村　哲)

労働時間、休暇

Q16 どのような時間が「労働時間」に該当するのか

賃金を適切に算出するために、以下のような時間が労働時間に該当するかどうかを教えてください。

❶ 出張先から会社に戻るための移動時間。
❷ 休日に研修を受けた時間。
❸ 昼食休憩中の来客当番の時間。
❹ 仮眠時間。

A 具体的事情にもよりますが、❶❸❹は原則として労働時間に該当します。❷については、研修の内容が業務に関連するもので、参加が義務づけられているものであれば、労働時間に該当するといえるでしょう。

1 「労働時間」とは

労働者がある行為を行った時間が、労働基準法上の「労働時間」に該当するかどうかは、実務上、以下の点に関連して重要になります。

(1) 賃金の適切な算出（特に時給制労働者）。
(2) 法定労働時間（労働基準法32）が守られているかどうかの判断。
(3) 時間外労働に関する労使協定（労働基準法36①。いわゆる「３６（さんろく）協定」）の対象となるかどうかの判断。
(4) 時間外割増、深夜割増、休日割増等の割増賃金（労働基準法37）が発生

するかどうかの判断。

　たとえば、会社の就業規則で、所定労働時間が8時間と定められているとします。仮にある労働者に、社内で通常業務をこなした8時間とは別に、ご質問の❶〜❹のような事情が存在した場合、これらが「労働時間」に該当するのであれば、労働基準法32条2項の法定労働時間（1日8時間以内）を超えることになり、36協定等所定の手続きを経ない限り違法となります。また、超過した労働時間については割増賃金を支払わなければなりません。

　このように、労働時間に該当するか否かは、使用者のコンプライアンスや労働者の待遇に直接関わってくるため、労使間でトラブルになりやすい争点の一つといえます。

　たとえば、会社や事業所内で、業務として書類を書いたりパソコンを操作したりといった実作業を行っている時間についてはほとんど問題になりませんが、これに出張や接待、研修等が絡んできたり、休憩時間中の事実上の手伝い、あるいは実作業のない待機時間が生じたりすると、これらの時間の労働時間該当性の問題になりやすくなります。

　ご質問で挙げられた❶〜❹はいずれも、労働時間該当性について、労使間で争いになりやすいものといえるでしょう。

2　「労働時間」該当性の基準

　判例（三菱重工業長崎造船所事件・最判平成12年3月9日）は、「労働者が使用者の指揮命令下に置かれている時間」が労働基準法上の「労働時間」にあたるとしており、実務上もこの解釈が確立しています。

　そして、この判例は、労働時間にあたるかどうかは「使用者の指揮命令下に置かれている時間」と評価できるか否かで客観的に定まるものであり、労働契約や就業規則にどのように就業時間の定めがあったとしても無関係であるとも述べています。

　この「使用者の指揮命令下に置かれている」か否かは、①強制・義務づけがあるかどうか、②業務と関連するものかどうか、③時間・場所が拘束され

3 ご質問についての検討

1) 出張先から会社に戻るための移動時間（Qの❶）

　会社と出張先との間の移動や、ある出張先と別の出張先との間の移動に要した時間については、その移動が会社の業務スケジュールに組み込まれたものである限り、「使用者の指揮命令下に置かれた」ものとして、労働時間に該当するといえます。

　反対に、たとえば本来は出張先から自宅への直帰が予定されていたのにもかかわらず、出張した社員本人の判断で自主的に会社に戻り、残務処理を行ったなどという場合は、出張先から会社までの移動時間は使用者の指揮命令下になく、労働時間にあたらないと判断される可能性が高いでしょう。

　なお、自宅と会社の間の通勤のための移動時間や、直行直帰の場合の自宅と訪問先との間の移動時間は、原則として労働時間には該当しませんが、この場合でも、たとえば高価な物品の運搬・監視や要人の警護など、移動中も果たすべき役割を担っている場合などは、労働時間に該当します。

　実際のところ、出張には長距離移動の負担や時間枠の確保が必要になるので、仮に労働時間に該当しないケースであっても、「日当」「出張手当」という形で特別な対価が支払われることが多いです。

2) 休日に研修を受けた時間（Qの❷）

　社員の受ける研修や講習については、それが会社の業務と関連する研修であって、会社から義務づけられたものであれば、労働時間とされる可能性があります。休日に開催される研修であっても同様です。朝礼や準備体操なども、研修と同じように考えてよいでしょう。

　したがって、会社の業務とまったく関連性のない講習や、関連性があっても受講するか否かが社員の自由意思に任されている場合などは、労働時間には該当しません。

もっとも、形式的には参加が義務づけられていないとしても、たとえば参加しないと欠勤や早退の扱いになったり、賞与や昇給の査定で不利益を受けるといった事情がある場合は、事実上義務づけられた研修として、労働時間に該当するものと考えられます。

　また、たとえば資格や技能に関する研修で、「参加は自由だけど、その資格を取っておくと仕事のうえで有利」という程度のものであれば労働時間にはなりませんが、その研修を受けなければ会社の業務をこなすための最低限のスキルも身に付かない、といった類いのものである場合は、労働時間に該当する余地があります。

　使用者が、労働者に対して研修や講習を案内・提供する際には、参加義務があるのか、参加しないことで何らかの不利益があるのか、自由参加であるのかを事前に明確にしておくことが望ましいといえます。

3）昼食休憩中の来客当番の時間（Qの❸）

　休憩時間は、労働時間が6時間を超える場合は最低45分、労働時間が8時間を超える場合は最低1時間、労働者に対して与えることが義務づけられています（労働基準法34①）。

　そして、休憩時間は、労働者の権利としての休息を保障するものですから、労働による拘束を解かれて自由に利用できなければなりません（労働基準法34③）。判例も、休憩時間を「労働からの解放が保障され、労働者が自由に利用できる時間」と位置づけています（大星ビル事件・最判平成14年2月28日）。

　したがって、ご質問の場合のように、昼食休憩中であっても、来客や電話に対応するため従業員を社内に待機させているような場合（従業員が自主的に行っているとはいえない場合）、その従業員は「労働からの解放が保障されている」とはいえませんから、待機時間は休憩時間にはあたらず、労働時間として扱うことになります。

4）仮眠時間（Qの❹）

　たとえば、ビルの管理人や警備員、宿直担当などが、決められた場所で待機している場合や仮眠している場合など、労働の実作業を行っていない時間

(不活動時間）は、労働時間に該当するのでしょうか。

　3)で述べたように、休憩時間とは「労働からの解放が保障され、労働者が自由に利用できる時間」を指します。ビル管理人などのように、たとえ実作業に従事していなくとも、何かあれば相応の対応が求められる状況では、依然として使用者の指揮命令下に置かれており、「労働からの解放が保障されている」とは評価できません。

　したがって、これらの不活動時間も、休憩事件ではなく労働時間として扱われることになります（大星ビル事件・最判平成14年2月28日）。

　一般的な感覚からすれば、寝ている時間が労働時間になるというのは不可解に思われるかもしれませんが、実務上は、途中で作業が発生する可能性が皆無に等しいという状況でもない限り、仮眠時間も労働時間に該当すると判断されることが多いです。

（櫻庭　知宏）

Q17 労働時間の管理方法

会社は従業員の労働時間を把握する義務があると聞きました。

❶ タイムカードの不正打刻についてどのように対応すればよいでしょうか。

❷ 労働時間について従業員からの自己申告制とすることは、問題があるでしょうか。

❸ 業務用PCの起動、終了時刻によって労働時間を把握することは、問題があるでしょうか。

A❶ タイムカード以外の補助的な確認手段を整備したり、就業規則にルールを明記したりなどの手段を通じ、不正打刻をさせない環境をつくり上げることが大事です。

A❷ 自己申告制自体に問題があるわけではないですが、自己申告制を採用する理由を明確にしておくとともに、通達の定める適正な手段を講じておく必要があります。

A❸ 問題はないですが、それが始業・終業時刻と一致するわけでないことには注意しましょう。

1 従業員の労働時間を把握する義務について

会社には、従業員の労働時間を適切に管理する義務があります。

労働基準法は、労働時間に対してさまざまな規制をもうけており、たとえば従業員に時間外労働をさせる場合には労働基準法36条1項の協定（いわゆる３６協定：**Q16**参照）で定めた時間を超えてはならず、時間外労働をさせた場合には割増賃金を支払わなければなりません。

会社がこれらの義務を確実に履行するためには、従業員の労働時間を適切に管理していることが前提となります。始業・終業時刻をはじめ、個々の労

働者の労働時間を正確に把握できなければ、賃金の適正な支払いも、法令や３６協定の遵守もままならないからです。

2 労働時間の管理方法

　労働時間の具体的な管理方法については、厚生労働省労働基準局長の通達（「労働時間の適正な把握のために使用者が講ずべき措置に関する基準」平成13年４月６日基発339号）が、一定の基準を定めています。通達の発出日にちなんで「４６（よんろく）通達」と呼ばれています。

　４６通達はまず、使用者が、労働者の労働日ごとの始業・終業時刻を確認し、これを記録すべき旨を定めています。そして、この確認・記録の手段としては、

(1)　使用者が、自ら現認することで確認、記録する方法
(2)　タイムカード、ICカード等の記録によって確認、記録する方法

の２つを原則的な方法としています。

　一方で、始業・終業時刻を労働者からの申告に基づいて管理する「自己申告制」については、「自己申告制によりこれを行わざるを得ない場合」に例外的に認められる方法と位置づけています。そして、仮に自己申告制を採用する場合には、申告の適正さを確保するための措置（以下の3の2)参照）を講ずべきことを示しています。

3 ご質問についての検討

1）タイムカードの不正打刻への対応について（Qの❶）

　４６通達が原則とする方法のうち、前記2の(2)のタイムカード等を用いた方法は、客観的かつ機械的な資料に基づくものであり、特に従業員数が多くて使用者による現認が困難な会社で有効な管理方法といえます。

　しかし一方で、ご質問のように従業員による不正打刻の問題も生じており、これをどのように防止、処理するかが、適切な労働時間の管理を行ううえで重要なポイントとなります。

従業員によるタイムカードの不正打刻には、「遅刻しそうなとき、同僚に自分のタイムカードを打刻しておいてもらう」、あるいは「残業代を水増しするため、遅くまで会社に残っている同僚に自分のタイムカードを打刻してもらう」などが、よくあるやり方といえます。

　近年は、携帯電話やメール、SNS等の普及により、このような同僚に対する不正打刻の依頼が簡単・気軽にできてしまうこともあり、複数の従業員が結託して不正打刻を行えば、不正が常習化する一方で、使用者側がこれを発見するのは困難を極めます。

　不正打刻は、会社はもちろん、ルールを守って働いている他の従業員をも裏切る行為であり、懲戒解雇事由に該当しうるだけでなく、実際には働いていない時間の給与を会社に支払わせるという意味で、詐欺罪（刑法246①）にもなりうる不正行為です。

　会社としては、このような不正打刻があれば是正すべきであり、情状によっては相応の制裁を科すべきですが、それ以上に、日頃から不正打刻をさせないという使用者の姿勢と職場環境をつくり上げることが大事です。

　具体的な方策としては、

Ⓐ　タイムカードは本人が出退勤の際に自ら打刻すべきこと、不正打刻が制裁の対象となることを、就業規則等に明示する。

Ⓑ　タイムカードのみに頼らず、必要に応じて労働時間に関する他の資料（業務報告書や残業命令書など）と突き合わせ、タイムカードの記録された時刻と乖離がないかを確認する。

Ⓒ　人事部等の担当者が社内を定期的に巡回し、就業実態がタイムカードに正しく反映されているかの検査を行う。

Ⓓ　不正打刻に関する内部通報制度をもうける。

などが考えられます。

　会社がまず行うべきは、Ⓐの服務規定の明文化です。たとえば「労働者の出退勤または外出の際は、必ず所定の方法により当該労働者本人がその時刻を記録しなければならない」などと定めたうえで、虚偽の申告に対しては懲

戒処分を含む制裁をもって臨むことを明確にするといった対策をとれば、安易な不正打刻に対する一定の歯止めになります。

また、Ⓑ や Ⓒ の方法は、手間やコストはかかってしまいますが、不正打刻が行われた場合は、タイムカードに記録された出退勤時間と実際の労働時間との間に乖離が生じているはずなので、不正打刻の事実を早期に発見するために有効な手段といえます。Ⓓ の内部通報制度は、不正打刻に限らず、広く社内不正の予防・早期発見に効果的といえますが、通報者の保護（秘密保持等）を図ること、会社から独立した窓口を確保することなどにより、実効性のある仕組みとすることが望まれます。

なお、最近では、指紋認証等の最新技術を利用した、不正打刻をより確実に防止できる勤怠管理システムも登場していますが、コストとの関係でまだ普及には時間がかかるでしょう。

いずれにせよ大事なのは、上記Ⓐ～Ⓓの手段の整備を通じて、全従業員に対し「不正は絶対に許さない」、「不正に対しては厳しい制裁をもって臨む」という明確なメッセージを発信しておくことです。

2）労働時間の自己申告制について（Qの❷）

労働時間を自己申告制とすることは、従業員の効率のよい仕事への自主的な取り組みを期待しうる一方で、往々にして労働時間の管理が大雑把になりがちです。

また、自己申告制をいいことに、従業員が実際の労働時間を水増しして申告するリスクや、その逆に、労働者が会社に遠慮するなどして労働時間を過少申告することで、残業代の未払いやサービス残業の温床になる可能性も考えなければなりません。

そのため、上でも述べたとおり、４６通達は、労働時間の把握方法としては「現認」か「タイムカード等」を原則としており、自己申告制を採用せざるをえない場合にのみ、例外的に自己申告制を認めています。

どのような場合が、「自己申告制により行わざるを得ない場合」にあたるかについて、通達には明確に示されていませんが、たとえば、企画、研究、

開発、営業を担当する部門のように、各労働者の業務の進め方や労働時間の配分について画一的な管理が難しい場合は、これに該当すると評価できるでしょう。

いずれにしても、４６通達が自己申告制を原則としていない以上、自己申告制を採用する会社（あるいは特定の部署）は、その理由を明確に説明できるようにしておくべきです。

そして、４６通達は、自己申告制により始業時刻や終業時刻を把握する場合には、

㋐ 対象となる労働者に対して、労働時間の実態を正しく記録し、適正に自己申告を行うよう十分な説明を行う。

㋑ 自己申告による労働時間が実際と合致しているかどうかについて、必要に応じて実態調査を実施する。

㋒ 適正な自己申告の阻害を目的とした措置（たとえば、時間外労働時間数の上限の設定や、時間外労働の削減を求める社内通達など）を排除する。

などの措置を使用者に対して求めています。特に㋑の実態調査については、定期的に行うことが望ましいでしょう。

3）業務用PCの起動・終了時刻による労働時間の把握について（Qの❸）

従業員の労働時間を適正に把握することは使用者たる会社の責務でもあり、その方法については４６通達が「現認」または「ICカード等の客観的記録」を原則とすべきことを示しています。

この点で、各従業員の使用する業務用PCの起動・終了時刻は、従業員の労働時間を示す一つの客観的かつ機械的な情報であるといえます。また、たとえば、ある従業員の業務用PCの起動・終了時刻と、申告された始業・終業時刻との食い違いが大きい場合などは、従業員の不正申告等を見抜くきっかけにもなります。もっとも、各従業員に割り当てられた業務用PCは、本来はその従業員のみが使用することが予定されたものです。したがって、PCの情報を会社が本人に知らせることなくチェックすることが、従業員のプライバシーの侵害の問題を生じないかを一応考えておく必要があります。

第 2 章
労働条件

　会社が従業員に貸与した業務用 PC について、その起動・終了時刻を把握するだけなら、プライバシーとの関係では問題ないでしょう。会社の貸与した業務用 PC には、そもそも業務とは無関係な従業員個人の情報が記録されることは予定されていませんし、そもそも PC の起動・終了時刻は、法律上保護されるべき従業員のプライバシーとはいえないからです。

　もっとも、気をつけなければならないのは、PC の起動・終了時刻は必ずしも従業員の始業・終業時刻と一致するわけではないことです。したがって、原則的には通達のいう「現認」や「IC カード」等によって労働時間を把握しつつ、それを補う手段として PC の起動・終了時刻を資料の一つとして用いるというのが、適切な方法といえるでしょう。

（櫻庭　知宏）

Q18 有給休暇申請の拒絶が可能な場合はあるか

従業員からの有給休暇申請について、以下のような事情がある場合、当該有給休暇申請を拒絶することはできるでしょうか。
❶ 当日の朝に有給休暇申請があった場合。
❷ 産前休暇の一部に替えて年休申請があった場合。
❸ 繁忙期に有給申請があった場合。

A❶ 具体的な事情によりますが、当日の朝の有給休暇申請に対しては、これを拒絶することができるケースが多いでしょう。

A❷ 産前休暇を取得しない従業員から年休申請があった場合は原則これを拒絶できませんが、産前休暇を取得した従業員がその一部を年休へ振り替えることを求めてきた場合、会社はこれを拒絶することができます。

A❸ 漠然と「繁忙期である」ことだけを理由に、年休申請を拒絶することはできません。個別の具体的事情が必要です。

1 有給休暇の取得について

年次有給休暇（労働基準法39）は、Ⓐ雇入れの日から起算して1年間（初年度のみ6か月）継続して勤務し、かつ、Ⓑ前1年間（初年度は雇入れ後6か月間）の全労働日の8割以上出勤した労働者に対して、法律上当然に与えられる休暇であり、一般に「年休」「有給」などと略して呼ばれます（ここでは、「年休」で統一します）。

労働基準法39条5項本文は、年休について「労働者の請求する時季に与えなければならない。」と定めており、労働者が年休の日時や期間を指定して使用者に請求すれば、無条件にその日が休暇日となるのが原則です。また、付与された休暇の日数を一度に使用するか、分割するか、数日間連続し

て使うかなども、原則として労働者の自由な選択によります。これらを労働者の「時季指定権」といいます。

2 有給休暇申請を会社が拒絶することは可能か

上でも述べたとおり、年休取得は、法律上労働者に与えられた権利であり、使用者の承諾を必要とするものではありません。したがって、使用者は原則として、年休の申請を拒絶したり、会社の許可を条件にしたりすることはできません。仮に、就業規則で年休について許可制を定めたとしても、そのような定めは労働基準法上無効とされます。

ただし、例外として、労働者から請求された時季に年休を与えることが「事業の正常な運営を妨げる」場合は、会社の側から年休取得の時季を変更することができます（「時季変更権」。労働基準法39⑤但書）。

この「事業の正常な運営を妨げる」事情があるといえるかどうかについて、裁判例によれば、①その労働者の所属する事業場の規模や業務内容、②担当する職務の内容・性質、③職務の繁忙度、④代替要員の確保が容易かどうか、⑤事業への影響の大きさ、⑥指定された休暇期間の長さ、などのさまざまな要素を総合して客観的、合理的に判断するものとされています（時事通信社事件・東京高判昭和63年12月19日）。具体的にはおおむね、Ⓐ年休を申請した労働者がその日（年休指定日）に労働することが担当業務等の運営に不可欠で、かつ、Ⓑ代替要員の確保が困難であることが、時季変更権行使のために必要といえるでしょう。したがって、会社が代替要員確保の努力をすることなく、時季変更権を行使することは認められません（弘前電報電話局事件・最判昭和62年7月10日）。

3 ご質問についての検討

1）当日の朝に有給休暇申請があった場合（Qの❶）

年休申請の方式や時期について、法律には具体的な定めはありません。とはいえ、たとえば朝の始業時刻直前に、電話一本で急に年休申請をされたり

すると、状況によっては業務遂行に多大な支障をきたすことになります。

それでは、「当日の朝の年休申請を認めず、欠勤扱いにする」という取扱いは認められるでしょうか。

上で述べたとおり、その人の担当する業務の運営にその人が不可欠であり、代替要員の確保が困難である場合、会社は時季変更権を行使できるとされています。したがって、従業員から年休申請がなされた時点で、この事情に該当することが明らかな場合は、ただちに時季変更権を行使することによって、当日の年休取得を認めないとすることは可能でしょう。

また、当日の朝に年休を申請されたような場合、そもそも上の事情に該当するか否か、時季変更権を行使するか否かを会社が判断する時間的余裕がない場合がほとんどだと考えられます。そのような年休申請については、申請された休暇期間がすでに開始し、または経過した後に時季変更権を行使してもよいとされています（電電公社此花電話局事件・最判昭和57年3月18日）。

したがって、一般的には、当日の朝の年休申請については、これを認めずに欠勤扱いにしたとしても、問題はないと考えられます。もっとも、当日請求であることのみを理由に一律拒否するのではなく、具体的事情をもとに時季変更権を行使するか否かの判断を行うのが好ましいでしょう。

また、事前の予防策として、あらかじめ就業規則に年休申請のルール（たとえば「前日の終業時刻までに申請する」など）を定めておけば、強制力はないものの、当日請求を減らすのに効果的といえます。

2) 産前休暇の一部に替えて年休申請があった場合（Qの❷）

労働基準法65条1項によれば、使用者は原則として、6週間以内に出産予定の女性労働者が休業を請求した場合、その女性を就業させてはならないとされています（産前休暇）。

条文に「休業を請求した場合」とあるように、産前休暇は、あくまで、労働者からの請求があって初めて与えられる休暇です。すなわち、産前休暇を取得するかどうか、また、どのくらいの期間取得するかについては、いずれも労働者の意思に委ねられています。この点は、原則として産後8週間は強

制的に休業とする産後休暇（労働基準法65②）との大きな違いといえます。

　このように、妊娠中の女性労働者であっても、産前休暇を請求しない限り、休暇制度との関係では他の労働者と変わらない立場にあります。したがって、産前休暇を取得していない女性労働者から、年休を取得したい旨の申出があった場合、使用者としては、原則どおり、指定された休暇時期が「事業の正常な運営を妨げる場合」でない限り年休を与えなければなりません。

　労働者の立場からすれば、産前休暇中は就業規則に特に定めがない限り無給（健康保険による出産手当金が支給される可能性があるのみ）のため、産前休暇を請求せずに年休を取得することは、一つの重要な選択肢といえます。したがって、使用者が、年休に替えて産前休暇を取得するよう労働者に促すようなことも慎むべきでしょう。

　次に、産前休暇を取得した女性労働者が、産前休暇の一部を年休に替えたい旨を申し出た場合、使用者はこれに応ずる義務はあるのでしょうか。

　年休制度は、労働義務の存在を前提としてこれに法律で定めた休暇を与える制度ですから、もともと労働義務のない産前休暇中の労働者については年休を請求する余地はないと考えられます。したがって、会社はこの申出に応じる義務はありません。もっとも、この場合でも、使用者側が任意に申出に応じ、年休に振り替えることは可能です。

3）繁忙期に年休申請があった場合（Qの❸）

　すでに述べたとおり、使用者が年休の時季変更権を行使できるのは、事業の正常な運営を妨げる場合、具体的には「担当業務の運営に不可欠であり、代替要員の確保が困難である」場合に限られます。

　したがって、単なる「業務繁忙」や「人員不足」などの大雑把な理由だけでは、時季変更権を行使することはできませんが、たとえば会社の繁忙期に、重要な案件の担当者が長期にわたる休暇を取得しようとした場合など、具体的事情によっては「事業の正常な運営を妨げる場合」に該当することも考えられます。

（櫻庭　知宏）

Q19 未消化の有給休暇の処理

未消化の有給休暇について、以下のように処理することは問題があるでしょうか。
❶ 繰越しを認めないとする。
❷ 従業員の退職時に未消化分を買い取る。

A❶ 未消化の有給休暇について、まったく繰越しを認めない取扱いをすれば、裁判で争われるリスクが生じます。

A❷ 有給休暇を取得しやすい環境が整備されていることが前提ですが、従業員の退職時に未消化分を買い取ることは、必ずしも労働基準法に違反するものではありません。

1 有給休暇の繰越し（Qの❶）

1）繰越しの可否

　労働基準法には、有給休暇の翌年度以降への繰越しを認めるか否かについて、明文の規定はありません。

　この点、そもそも有給休暇の制度趣旨は、当該年度中に労働者が現実に休むことができるよう保障するものであり、毎年法定の日数を現実に休ませることが必要であるとして、繰越しを否定した裁判例もあります（国鉄浜松機関区事件・静岡地判昭和48年3月23日）。

　一方で、有給休暇は当該年度中に行使しなければならないとの明文の規定もないこと、また、労働者に休息、娯楽および能力の啓発のための機会を確保し、もって健康で文化的な生活の実現に資するという年休制度の趣旨を理由に、繰越しを肯定した裁判例もあります（国際協力事業団事件・東京地判平成9年12月1日）。

　学説の多数や解釈例規（昭和22年12月15日基発501号）も繰越しを認め

ています。

　現実の実務として、有給休暇の繰越しの制度が極めて広く普及していることからも、まったく有給休暇の繰越しを認めない、あるいは繰り越せる日数に上限をもうけるといった就業規則等の定めは、労働基準法に違反するものとして、裁判で争われるリスクがあるといえます。

2) 繰越しの時効

　それでは、有給休暇は、いつまでも繰り越されるのでしょうか。

　この点は、繰越しを認める学説の多数や解釈規定は、労働基準法115条により、有給休暇を取得する権利は2年間の消滅時効にかかるとしています。

　すなわち、有給休暇が繰り越されるのは翌年度までということになります。

3) 繰越しの優先順位

　このように2年の消滅時効の適用があることから、翌年度に繰り越された有給休暇と当年度に付与された有給休暇のいずれを行使するか明らかでない場合、当事者の合意的意思解釈により、繰り越された有給休暇から行使されるものと解すべきでしょう。

2　有給休暇の買取り（Qの❷）

1) 買取り予約

　労働基準法39条が保障しているのは現実に休業することなので、有給休暇に代えて金銭を支給しただけで現実には休業させなかった場合、有給休暇を与えたことにはなりません。

　解釈規定も、有給休暇の買上げを予約し、予約された日数について有給休暇の取得を認めないとすることは労働基準法に違反し、許されないとしています（昭和30年11月30日基収4718号）。

2) 退職時の買取り

　一方、事前の買上げと異なり、時効や退職等によって消滅する未消化の有給休暇日数に応じて、事後的に使用者が手当を支給すること自体は、必ずしも労働基準法に違反するものではありません。

もっとも、この場合も有給休暇を取得しやすい環境が整備されていることが前提であり、有給休暇の取得を抑制する効果を持つような取扱いは好ましくないとされています。

3）従業員からの買取請求

　それでは、従業員のほうが、退職時に有給休暇の買取りを請求することはできるでしょうか。

　退職時に未取得有給休暇の手当清算を定めた就業規則規定に基づき、年休手当請求を認めた裁判例がありますが（住之江Ａ病院〔退職金等〕事件・大阪地判平成20年3月6日）、このような定めがない限り、通常は、従業員の側に有給休暇の買取請求権は認められません。

（船本　美和子）

労働条件の変更

賃金、退職金、労働時間、休暇といった従業員の労働条件を、従前よりも労働者に不利益になる方向で変更するためには、どのような方法、手続きが必要でしょうか。

A 労働者の個別の同意を得る方法、就業規則変更による方法、労働協約による方法がありますが、いずれの方法による場合でも、その変更が法的に有効と認められるには、条件があります。

1 労働者の個別の同意を得る方法

1）合意原則（労働契約法8）

労働契約法8条によれば、労働者および使用者は、その合意により労働条件を変更することができます。

2）労働者による同意が認められる条件（山梨県民信用組合事件・最判平成28年2月19日）

1)のとおり、使用者は、労働者の同意を得れば労働条件を変更することができます。

しかし、その変更が、賃金や退職金に関するものであるときは、労働者による同意の有無に関する認定は慎重になされる必要があるというのが、山梨県民信用組合事件の判例です。

そして、この判例は、労働者による同意の有無については、変更を受け入れる旨の労働者の行為（裁判で「同意」ありと認められるか否かが問題となっている行為）の有無だけでなく、労働条件変更によって労働者にもたらされる不利益の内容および程度、労働者が上記の変更を受け入れる旨の行為をするに至った経緯や態様、労働者への情報提供または説明の内容等に照らして、上記の変更を受け入れる旨の労働者の行為が、労働者の自由な意思に基づい

てされたものと認めるに足りる合理的な理由が客観的に存在するか否かという観点からも、判断されるべきとしています。

この判例の考え方からすると、労働者の同意を得るには、次の点に注意が必要だと思われます。

① 労働者から同意書をとっただけでは、必ずしも有効な同意とは認められないということになります。

② 労働条件の変更によって労働者にもたらされる不利益の内容および程度等については、就業規則の不利益変更で必要となる合理性（後述**2**参照）と同様または類似の観点が求められます。

③ 労働者の自由な意思に基づいてされたものと認めるに足りる合理的な理由が客観的に存在するか否かという、賃金債権の放棄や相殺に関する労働者の同意の場合と同様な観点が求められます（賃金との相殺については **Q10** 参照）。

3）2）の判例の射程範囲

この判例は、慎重な判断の対象を賃金や退職金に限っているようにも思われます。

しかし、この判例が、そのように読める判決文になった理由としては、この判例の事案が退職金に関するものだったからである可能性もあります。

そうだとすると、今後の裁判例では、労働時間等の、賃金・退職金以外の重要な労働条件についても、同じく慎重な認定を必要とするとされる可能性もあるといえます。

4）労働者による同意が認められる場合と就業規則の関係

就業規則に定める基準に達しない労働条件を定める労働契約は、その基準に達しない部分については無効となり、無効となった部分は就業規則で定める基準に従います（労働基準法93、労働契約法12）。

このことから、就業規則を作成・周知させている会社が（就業規則の作成・変更等については **Q28** 参照）、労働者の同意を得るという方法によって就業規則所定の労働条件を引き下げようとして、前記2）の条件をクリアする労働

者の同意を得たとしても、就業規則も同時に変えないと、結局は次のようになります。

　①　労働者の同意により引き下げられた労働条件は、就業規則に定める基準に達しない労働条件となるため、この労働条件合意は無効となります。

　②　そして、無効となった部分は就業規則で定める基準となります。つまり、労働者の同意を得て引き下げようとした、就業規則所定の（元の）労働条件が適用されます。

2 就業規則変更による方法

1）合意原則（労働契約法9本文）

　①　ここでも労働者との合意があることが出発点になります。

　つまり、労働契約法9条本文は、使用者は労働者と合意することなく、就業規則変更（就業規則の作成・変更等については**Q28**参照）により、労働条件を労働者に不利益に変更することはできないとしています。

　なお、この規定は、判例（秋北バス事件・最判昭和43年12月25日ほか）によって踏襲されてきた考えを明文化したものといわれています。

　②　この合意原則の例外として、労働者との合意のない就業規則変更によって労働条件を労働者に不利益に変更するには、周知性と合理性が求められます（労働契約法9但書、10本文）。

　なお、労働契約法10条但書により、就業規則変更によっては変更されない労働条件として合意していた部分は、就業規則の不利益変更が認められる場合でも、変更されません（合意の優先）。

　③　そこで、上記①の労働契約法9条本文の反対解釈として、労働者との間で合意があれば、上記②の就業規則の不利益変更に求められる合理性を問題とすることなく、就業規則の変更という方法によって、労働条件を労働者に不利益に変更することもできるのかが問題となります。

　そして、これが可能であること、労働者の同意の有無に関する認定は慎重になされる必要があることなどを、前掲の山梨県民信用組合事件最高裁判決

は示しています。

2）労働者の同意が得られない場合の就業規則不利益変更に必要な周知性と合理性（労働契約法9但書、10本文）。

　労働者の同意が得られない場合、就業規則の変更により労働条件を労働者に不利益に変更するには（同意しない労働者に不利益変更後の就業規則の効力を及ぼすには）、周知性と合理性が求められます。

　周知性とは、変更後の就業規則を労働者に周知させることが必要であるということです（就業規則の周知については **Q28** 参照）。

　また、合理性の判断要素として、労働契約法10条本文が示すのは次の点です。これらは従来の最高裁判例（第四銀行事件・最判平成9年2月28日等）で示された判断枠組みを踏襲したとされています。

　a）　**労働者の受ける不利益の程度**

　これは就業規則の変更により労働者が受ける不利益の内容や程度のことです。個々の労働者によって不利益の程度が異なることも、当然のことながらあります。

　b）　**労働条件変更の必要性**

　現在の労働条件について、会社が、これを維持することが困難である事情や変更を必要とする切実性のことです。

　c）　**変更後の就業規則の内容の相当性**

　ここには、変更後の就業規則の内容自体の相当性のほかにも、変更との関連で行われた経過措置や代償措置等の有無や内容、他の労働条件の改善状況という観点も含まれるといえます。

　d）　**労働組合等との交渉の状況**

　就業規則変更に際しての、労働組合や労働者への説明や協議の内容・経過が判断材料になると思われます。

　e）　**その他の就業規則変更にかかる事情**

　変更に同意している他の労働者の状況や、関連会社や同業他社の労働条件その他の状況等との比較という観点も、判断材料になると思われます。

3 労働協約による方法

1）労働協約とは何か

　労働協約とは、労働組合と使用者またはその団体の間で労働条件その他労使関係のルールについて定めた取り決めで、書面として作成され両当事者の署名または記名押印のあるものです（労働組合法14）。

　なお、労働協約は、労働組合を相手方当事者とするものであり、労働基準法24条1項但書の賃金控除の書面協定（**Q10**参照）や、36条の時間外・休日労働協定では当事者になることがある労働者の過半数代表を相手方として締結する労使協定とは別物です。

2）労働協約の規範的効力（労働組合法16）

　労働協約に定める労働条件その他労働者の待遇に関する基準に反する労働契約の部分は無効となり、無効となった部分は労働協約に定める基準に従います。この無効とする効力と、協約が労働契約の内容を定めることとなる効力が規範的効力と呼ばれるものです。

　このように、労働協約で定められた労働条件その他労働者の待遇に関する事項は、当該組合の組合員である個々の労働者と使用者間の労働契約の内容になります。

　なお、労働協約は、非組合員や別の労働組合の組合員には適用されないので、非組合員等には労働協約の規範的効力は及びません（ただし、後述する4）の一般的拘束力が生じることがあります）。

3）労働協約の就業規則に対する優先効

　就業規則は、労働協約の内容に反することはできません（労働基準法92①、労働契約法13）。

4）労働協約の一般的拘束力（労働組合法17）

　事業場に常時使用される同種の労働者の4分の3以上が、一つの労働協約の適用を受けるに至ったときは、その事業場で使用される他の同種の労働者に対しても、その労働協約が適用されます。

つまり、ある事業場で働く同種の労働者のうち、その4分の3以上で組織される労働組合と締結した労働協約は、残る4分の1の同種の労働者に対しても適用されるということです。

5) 労働協約による労働条件不利益変更

① 前記2)のとおり労働協約には規範的効力があり、前記3)のとおり労働協約の内容は就業規則に優先するので、労働協約を締結した労働組合の組合員に関しては、就業規則による従前の労働条件を、労働協約により変更することが可能です。

② また、上記4)のとおり同種の労働者の4分の3以上の労働者が、一つの労働協約の適用を受けるに至ったときは、残る4分の1の同種の労働者に対しても、当該労働協約が適用されるので、それにより同種の労働者間での労働条件統一も可能となります。

③ さらに、労働協約の規範的効力は、労働協約中の労働条件基準よりも特定組合員の個別労働契約等による内容のほうが有利であるときは及ばないとする原則（有利原則）が認められるのではないかという議論もありますが、朝日火災海上保険（石堂事件）判決（最判平成9年3月27日）は、これを否定しているといえます。

このように考えると、労働協約による労働条件の不利益変更も可能ということになります。

④ ただし、労働協約による労働条件の不利益変更の条件または注意点は、以下のとおりです。

a) **労働協約といえども強行法規に違反する内容を定めることはできない**

たとえば、労働基準法が定める法定労働時間や時間外労働手当に関する規定に違反する内容を定めることはできません。

b) **労働協約を締結する労働組合側の執行委員長等に、当該内容の協約を締結する権限が認められる必要がある**

組合規約等のうえで協約締結権限の有無が不明確であれば、組合大会または執行委員会による決定等により、当該内容の協約を締結する権限が付与さ

れていることが必須です（中根製作所事件・最判平成12年11月28日、前掲の山梨県民信用組合事件）。

　c)　**労働組合の目的を逸脱して締結されたものといえないこと**(前掲の朝日火災海上保険事件)

　この判例は、特定または一部の組合員をことさら不利益に取り扱うことなどを目的として締結されたなど、労働組合の目的を逸脱して締結されたものといえなければ、労働協約の規範的効力は否定されないとしています。これは、労働協約による労働条件不利益変更の効力＝規範的効力の問題について、就業規則の不利益変更の問題のように不利益変更の内容面を問題とするのではなく、組合内の意思形成過程を重視する考え方といえます。

　⑤　就業規則の不利益変更のように内容面での厳格な審査が求められないという点では、労働協約による労働条件変更は、友好的な労働組合が存在する（ただし、上記 c ）には注意が必要です）会社においては、有用な方法になる可能性があるといえます。

（今村　哲）

第3章

人事

配転、出向、転籍

Q21 転勤・配置転換を命じる際の注意点

従業員の配転について以下の事情がある場合、会社としてどのように対応すればよいでしょうか。

❶ 転勤を命じた従業員が、育児を理由に異議を述べてきた。
❷ 事務職として採用した従業員に営業職への配置転換を命じたところ、異議を述べてきた。

A 配転については、基本的には会社の広い裁量が認められますが、①勤務地や職種・職務内容を限定する合意があらかじめなかったか、②業務上の必要性に基づくもので、他の不当な動機・目的によるものではないか、③従業員に通常甘受すべき程度を著しく超える不利益を負わせるものではないか、などの点に注意して対応する必要があります。

1　配　転

　配転とは、同一企業内において、労働者の勤務地や職種・職務内容を、相当長期間にわたって変更することをいいます。

　このうち、勤務地を変更する配転を「転勤」、職種・職務内容を変更する配転を「配置転換」といいます。

　日本の企業では、高度経済成長という経済環境のもとで、新規採用の多くを新規学卒者による一括採用により行い、特別な事情がない限り、定年までの雇用機会を保障する長期雇用慣行がとられてきました。裁判所も、「解雇

権濫用法理」をつくり出し、正社員の解雇を極めて困難にすることで、こうした長期雇用慣行を強化してきました。

こうした環境下で、配転命令権は、会社に与えられた有力な人事権として、キャリアシステムによる従業員の総合的な能力の向上や、企業内での労働力の補充・調整のため、積極的に用いられてきました。

2 配転命令権の法的根拠

配転については、従業員との間で個別に合意していればもちろんですが、そうでなくても、就業規則に包括的な配転命令条項（例：「業務の都合により、配置転換、転勤を命ずることができる」）があれば、会社はこれを命じることができるとされています。

就業規則にそのような条項がない場合であっても、配転については、雇用契約を締結した以上は当然に予定されているという考え方もあり、実際に、労働契約の締結の経緯・内容、人事異動の実情等に照らして、使用者の配転命令権を認めた裁判例もありますが、無用な紛争を避けるためにも、就業規則には、配転命令条項をもうけておくべきでしょう。

3 配転命令権の限界

配転命令権の行使については、原則として、会社の広い裁量が認められています。

しかし、職種・職務内容や勤務地を限定する合意がある場合、その合意に反する配転命令権は、そもそも発生しません。就業規則の内容と異なる合意がある場合は、この合意が就業規則の規定に優先することになるのです（労働契約法7但書、10但書）。

また、会社に配転命令権があると認められたとしても、その行使が、権利の濫用にあたる場合には、やはり配転命令の効力は発生しません。人事権の行使一般に共通しますが、会社に人事権があると認められても、それを行使することが権利の濫用にあたる場合には、その効力は認められないのです（労

働契約法3⑤）。

　以下では、勤務地を変更する配転、職種・職務内容を変更する配転のそれぞれに関する、配転命令権の限界について、もう少し詳細にご説明します。

4　勤務地を変更する配転（転勤）

　まず、勤務地を限定する合意がある場合には、従業員の個別の承諾がない限り、転勤を命じることはできません。それでは、このような合意が認められるのは、どういった場合なのでしょうか。

　勤務地を限定する合意については、明示のものである必要はなく、黙示のものでも足りるとされていますが、明示の合意がない場合、長期雇用を前提として採用された従業員は、広域の転勤に同意していると推認されることが多いといえます。そのため、勤務地を限定する合意があると認められる場合は、それほど多くありません。

　実際に黙示の合意が認められたのは、採用時に家庭の事情から転勤に応じられないことを明確に申し出ていた場合、特定の工場の従業員として採用された場合、主婦パート等のように生活の本拠が固定されているという前提での採用であった場合などに限られます。

　そして、会社に配転命令権があると認められたとしても、その行使が権利の濫用にあたる場合は、配転命令の効力は発生しません。それでは、どういった場合に、権利の濫用とされてしまうのでしょうか。

　この点、昭和61年の東亜ペイント事件の最高裁判例は、①配転命令について業務上の必要性がない場合、②業務上の必要性がある場合でも、配転命令が他の不当な動機・目的をもってなされたものであるとき、③労働者に通常甘受すべき程度を著しく超える不利益を負わせるものであるとき等、特段の事情の存する場合は、配転命令権の行使が濫用になると判断しました（東亜ペイント事件・最判昭和61年7月14日）。

　その後の裁判例では、業務上の必要性の程度、人選の合理性、不当な動機の有無、従業員が受ける不利益の内容・程度、配転手続きの適正といった事

情が、総合考慮されています。

　従来は、病気の親族の介護のような特別の事情がある場合を除き、転勤によって従業員がこうむる家庭生活上の不利益は、従業員にとって甘受すべきものとされる傾向がありました。前掲の東亜ペイント事件の最高裁判例でも、配転命令を受けた従業員が家族（71歳の母、保育園勤務の妻、2歳の長女）と別居して名古屋に単身赴任することの不利益は、従業員が通常甘受すべき程度を著しく超える不利益ではない、とされました。

　しかしながら、従業員のこうむる家庭生活上の不利益については、社会情勢の変化やそれに伴う法改正等に照らし、より一層の配慮が必要になっています。具体的には、平成13年に「育児休業、介護休業等育児又は家族介護を行う労働者の福祉に関する法律」（育児・介護休業法）が改正され、転勤に伴う労働者の子の養育または家族の介護の状況についての使用者の配慮義務が認められました（育児・介護休業法26）。また、平成19年には労働契約法が制定され、労働契約の締結・変更にあたって、「仕事と生活の調和」への配慮が求められるに至っています（労働契約法3③）。

　ご質問のケース（Qの❶）では、まず、勤務地を限定する合意があるかを確認すべきですが、そのような合意がないとしても、従業員が、育児を理由として異議を述べていることを踏まえ、詳しい事情をヒアリングしたうえで、それでもなお業務上の必要性があるかを、一度は検討するべきです。

　検討の結果、やはり業務上の必要性があるということであれば、本人に対して、業務上の必要性を説明し、本人のこうむる不利益への配慮（住宅手当・別居手当の支給等）を行うなどして、本人から承諾を得る努力をします（この経過は、すべて記録に残します）。それでも承諾が得られない場合に初めて、配転命令という形をとることになります。このような経過を踏むことで、法的リスクを低減することができます。

5　職種・職務内容を変更する配転（配置転換）

　まず、職種・職務内容を限定する合意がある場合には、従業員の個別の承

諾がない限り、配置転換を命じることはできません。

　明示の合意がない場合、医師、看護師、大学教員などの専門職、特殊技能職の労働者については、職務の限定の合意が認められやすいといえますが（その他の肯定例：調理師、キャディー、アナウンサー、社長秘書）、それ以外の場合に、この職種限定の合意が認められることは多くありません。これは長期にわたって同じ職種に従事してきたという場合であっても同様です。

　そして、会社に配転命令権があると認められたとしても、その行使が権利の濫用にあたる場合は、配転命令の効力は発生しません。権利の濫用にあたるか否かについては、業務上の必要性の程度、人選の合理性、不当な動機の有無、従業員が受ける不利益の内容・程度、配転手続の適正といった事情が、総合的に考慮されることになります。

　ご質問のケース（Qの❷）では、事務職として採用されたということなので、明示的に職種・職務内容を限定する合意が存在するかどうかを確認する必要があります。事務職という職務内容に照らして、明示の合意がないとすれば、黙示の合意が認められる可能性は低いでしょう。

　そのうえで、やはり本人に対して、業務上の必要性を説明し、営業職に異動することで、営業手当等の支給がなされるのであれば、その旨も説明したうえで、本人から承諾を得る努力をするべきです（この経過はすべて記録に残します）。それでも承諾が得られない場合に、配転命令という形をとることになります。

（川上　邦久）

第3章
人　事

Q22 降格、降級を行う際の注意点

勤務態度不良の従業員について職位を引き下げることを考えていますが、従業員が異議を述べてくる可能性があります。会社としてどのように対応すればよいでしょうか。

職位の引下げには、さまざまな場合があるので、会社の採用している人事管理制度の内容を確認したうえで、今回会社が行った職位の引下げの法的な位置づけ、および法的根拠の有無を、改めて確認する必要があります。特に、基本給の引下げを伴う場合には、無効とされるリスクが高まるので、慎重に判断する必要があります。

1 職位の引下げ

職位というのは、一般的には、役職と同じ意味で、部長、課長、係長、主任などの職制上の地位を意味します。

職位を引き下げることを降格といいますが、参与、参事、主事などの職能資格を低下させることも降格といいます（こちらは降級ということもあります）。このあたりの概念については、用語のわかりにくさもあり、混乱しやすい点なので、ここで整理しておきます。

日本の企業では、伝統的に、人事管理制度として、職能資格制度が採用されてきました。職能資格制度では、労働者の職務遂行能力によって、職能資格が格付けされて、一定の職能資格を持った労働者のなかから、ある職位に就く者が選抜されることになっています。

職能資格制度を他の人事管理制度と比較したときのポイントは、基本給と連動するのが、職位ではなく職能資格であって、職位と職能資格とが切り離されていること、いったん獲得した職能資格（＝職務遂行能力）が失われることは通常想定されないため、職能資格が低下するということは基本的には

予定されていない、ということです。

そのほかの人事管理制度としては、職務等級制度（詳細に特定された職務と給与テーブルとを連動させる制度）や、役割等級制度（職務よりは抽象的な役割と給与テーブルとを連動させる制度）がありますが、それらの人事管理制度には、職能資格という概念はありません。

職位の引下げを含む職位の変更は、配転と同様に、従業員を企業組織のなかに位置づけ、その役割を定めるためのものであり、とりわけ解雇権濫用法理によって正社員の解雇が極めて困難な状況下では、人事管理の根幹をなしてきたものといえます。

2 降格の法的根拠

職位の引下げの有効性について検討する場合、その前提として、
① そもそもいかなる根拠に基づいて職位の引下げを行うのか。
② その会社ではどのような人事管理制度が採用されているのか。
③ 職位の引下げが給与の引下げを伴うのか。
といったことを確認しておく必要があります。

このうち、①については、人事権の行使として職位の引下げが行われる場合と、懲戒処分として職位の引下げが行われる場合があります。このいずれの場合かによって、考え方がまったく異なります。

すなわち、後者の「懲戒処分としての職位の引下げ」については、就業規則等に懲戒処分の根拠が定められていること、懲戒の対象となる労働者の行為の性質および態様その他の事情に照らして、客観的に合理的な理由を欠き、社会通念上相当であると認められない場合でないこと、当事者に弁明の機会が与えられていることなどの、懲戒処分一般としての規制を受けることになります。この点については、別の項（**Q25**）で説明しているので、そちらをご参照ください。

以下では、「人事権の行使としての職位の引下げ」に絞って説明することとし、②については、職能資格制度が採用されている場合と、職務等級制度・

役割等級制度が採用されている場合とに分けたうえで、順次説明することにします。

1）職能資格制度の場合

　職位の引下げだけを行い、職能資格の引下げを行わない場合、基本給には影響しません。この場合は、降格を行うために、特別な根拠規定は不要とされています。職位の引下げそのものは、労働者の適性や成績を評価して行われる労働力配置の問題なので、雇用契約を締結した以上は、使用者の裁量によって行うことができる、と考えられているのです。

　なお、職能資格の引下げを伴わないため、基本給には影響しないものの、役職手当の支給がなくなるケースもありえます。この場合も、職位の引下げ自体については、特別な根拠規定は不要です。

　ただし、職位の変更と、役職手当の支給とが、就業規則等で明確に関連づけられているか（ある役職から外れた場合に、役職手当の支給を受けられなくなることが、明確に規定されているか）、という問題はありますし、後述する、職位の引下げが権利の濫用にあたるかどうかという問題との関係では、従業員にこのような不利益が生じるということが、一要素として考慮されることになります。

　他方で、人事権の行使としての降格のうち、職能資格の引下げを伴うものについては、特別な根拠規定が必要とされています。この場合は、どのような場合に職能資格が引き下げられるかということを、就業規則等に定めておく必要があるのです。

　これは、前述したとおり、職能資格制度においては、いったん獲得した職務遂行能力が失われて、職能資格を低下させるということが、基本的には予定されていないためです。

　結局のところ、職能資格制度というのは、役職と、基本給と連動する職能資格とを切り離すものなので、役職を変更しても、基本給には何ら影響しないのが原則です（役職手当は別です）。

　この点について、役職が変更される以上、基本給もそれと連動して変更さ

れるのが当然ではないかと考える経営者もいますし、その考え方自体はよく理解できるところです。ただ、職能資格制度というのは、上述したとおり、ある意味では、非常に特殊な人事管理制度なので、この発想がおよそ受け入れがたいということであれば、人事管理制度自体を見直す（最低限、職能資格の引下げを予定する規定をもうける）必要があります。

2）職務等級制度・役割等級制度が採用されている場合

職務等級制度・役割等級制度においては、職務等級・役割等級が引き下げられると、基本給が減額されるのが通常です。

この場合も、職務等級・役割等級が引き下げられるのに伴って基本給が減額されるということを、就業規則に定めておく必要があるとされています。職務等級・役割等級自体については、職務や役割が変更されれば、当然に変更されるものだとしても、それに伴って基本給が減額されるということまでは、雇用契約上当然のことだとはいえないとされているのです。

3 降格の限界

職位の引下げについて、労働契約上の根拠が認められるとしても、国籍、社会的身分または信条による差別、性別による差別、通常の労働者と同視すべき短時間労働者に対する差別、障害者であることを理由とする差別、労働組合の組合員であること等による差別など、法律上禁止されている各種の差別・不利益取扱いにあたる場合に、これが許されないのは当然です。

そして、そのような差別にあたらないとしても、人事権一般に共通することとして、使用者が有する裁量権を逸脱し、社会通念上著しく妥当性を欠く場合には、権利の濫用として無効になります（労働契約法3⑤）。

どのような場合に権利の濫用にあたるかについては、①業務上の必要性の有無・程度、②労働者の帰責性の有無・程度、③労働者の不利益の有無・程度、④不当な動機・目的の有無等を総合的に考慮して判断されることになります。

職能資格や職務等級・役割等級の引下げに伴って基本給が減額される場合、

これによって労働者は重大な不利益をこうむることになるので、その減額幅がどの程度であるかは、権利の濫用の判断をするにあたって、重要な意味を持つことになります。

　ご質問のケースでは、従業員の勤務態度が不良である、ということですが、基本給の減額まで伴う降格を実施する場合には、勤務態度の不良の程度がひどく、周囲への悪影響が大きいうえ、注意しても改善されないなど、従業員のこうむる不利益を考慮しても、なお業務上の必要性が高度であることを裏づける証拠をそろえたうえで、行うべきでしょう。

(川上　邦久)

Q23 出向命令の限界と出向中の法律関係

当社では、初めて従業員を他社に出向させることを検討しています。
❶ 出向命令はどのような場合に認められるでしょうか。
❷ 出向者の労働条件については、当社と出向先のどちらの就業規則が適用されますか。

A❶ 従業員の個別の合意がある場合、あるいは、出向先での賃金・労働条件、出向期間、復帰の仕方などを、従業員の利益に配慮する形で定めた出向規定を整備したうえで、就業規則等に出向についての包括的規定をもうけている場合に、認められます。

A❷ 出向者にどの就業規則が適用されるかは、出向協定や出向規定の定めによって決まります。出向協定や出向規定に明確な定めがない場合、一般的には、従業員の身分や地位に関わる規定については、出向元である貴社の就業規則が、労務提供と指揮命令関係に関わる規定については、出向先の就業規則が、適用されることになります。

1 出 向

出向とは、従業員が自己の雇用先の企業（出向元）に在籍したまま、他の企業（出向先）で、相当長期間にわたって業務に従事することをいいます。

在籍出向と呼ばれることもありますが、これは、出向元との雇用関係を維持するという点で、転籍（移籍出向）と異なることに着目した呼び方です。

日本の企業では、従来特別な事情がない限り、定年までの雇用機会を保障する長期雇用慣行がとられ、裁判所も、「解雇権濫用法理」をつくり出し、正社員の解雇を極めて困難にすることで、こうした長期雇用慣行を強化してきました。

こうした環境下で、出向は、配転や転籍と同様に、従業員の長期育成計画

の一部として、あるいは、従業員を解雇することなく柔軟に雇用調整をする手段として、①子会社・関連会社への経営・技術指導、②従業員の能力開発・キャリア形成、③グループ会社間の雇用調整、④中高年齢者の雇用の確保、⑤人事交流など、さまざまな目的で活用されてきました。

2 出向命令権の根拠

　出向は、同一企業内での配転とは異なり、労務提供先の変更を伴います。法的には、出向元が出向先に対して、従業員に対する労務提供請求権を譲渡する、ということを意味します。

　従業員は通常、雇用先の企業に対して労務を提供することを予定して、雇用関係に入っているはずです。したがって、いくら雇用先の企業との雇用関係自体が残るといっても、労務の提供先が、雇用先の企業から別の企業に変更されるということは、一般的な雇用契約で、通常予定されているものとはいえません。この点で、一般的な雇用契約の内容として通常予定されていると考えられている、同一企業内での配転とは異なるのです。

　そのため、出向元が出向先に対して、「労働者の承諾」を得ずに、従業員に対する労務提供請求権を譲渡することは、民法でも禁止されています（民法625①）。したがって、従業員に出向を命じるにあたっては、雇用契約それ自体とは別の、明確な法的根拠（「労働者の承諾」）が必要ということになります。

　問題は、どういう場合に「労働者の承諾」があるといえるかです。この点については、現実にある従業員を出向させたいということになった際に、そのつど、個別の同意を得ることができれば問題ないのはもちろんですが、就業規則等における包括的な規定や、採用時等における包括的同意であってもこと足りるとされています。

　ただし、出向は、労働条件の大幅な変更を伴うものであることから、従業員の個別の同意によらない場合は、出向先での賃金・労働条件、出向期間、復帰の仕方などが、出向規定等によって、従業員の利益に配慮する形で定め

られていなくてはならず、そのような規定が整備されていない場合は、やはり従業員の個別の同意が必要とされています。

　出向させたいということになった場合に、必ず個別の同意を得なければいけないとなると、従業員から拒絶されてしまったときに、予定が大きく狂うことになってしまいます。今すぐということではないとしても、企業運営上、従業員を出向させることがありうるのであれば、日頃から具体的な出向規定を整備しておくことが有益だといえます。

3 出向命令権の限界

　人事権一般に共通することですが、抽象的な出向命令権が認められたとしても、会社が出した具体的な出向命令が、権利を濫用したものと判断される場合は、その出向命令は無効となります。

　出向に関しては、配転と違って、労働契約法に個別の定めももうけられており、業務上の必要性、対象労働者の選定状況、対象労働者のこうむる不利益の程度、不当な動機・目的の有無、その他の事情に照らし、権利を濫用したものと判断される場合には、出向命令は無効となるものとされています（労働契約法14）。

　なお、出向については、労務提供先を一方的に変更させられるものであるため、整理解雇の前提としての、解雇回避措置の一環として行われることもあります。その場合、出向命令の拒否を理由とする解雇については、整理解雇の法理が適用されることになります。

4 出向中の労働条件

　出向は、①出向元が出向先との間で、従業員を出向先に雇用させることを約束する契約を締結したうえで、②出向元が従業員に対して出向を命じることによって行われます。

　出向期間中の法律関係についてですが、従業員と出向元との基本的な雇用関係は、そのまま継続します。

そのうえで、雇用契約上の権利義務の一部が、出向先に引き継がれることで、出向先と従業員との間には、部分的な雇用関係が生じるものと考えられています。出向先が、部分的にせよ従業員を雇用するという意味で、派遣先が従業員を雇用することのない労働者派遣とは異なります。

問題は、出向元と従業員との雇用契約上の権利義務のうち、どの部分が出向先に引き継がれるか、ということです。この点については、出向元と出向先との間で締結される出向協定に定められていることが多いのですが、従業員との関係では、出向元と従業員との間の雇用契約（労働協約、就業規則、個別の合意）によって決まることになります。先に述べたとおり、出向元が出向先に対して、「労働者の承諾」を得ずに、雇用契約上の権利義務を引き継がせることはできないためです。

それでは、雇用契約上の権利義務のうち、どの部分が出向先に引き継がれるかについて、明確な定めがないものの、出向自体は行われてしまっているという場合は、どうなるのでしょうか。

この場合は、基本的な雇用関係は出向元に残っているものの、実際の指揮命令や労務提供は出向先との間で行われている、という実情を踏まえた合理的意思解釈がなされることになります。

具体的には、従業員の身分や地位に関わる定年、退職、解雇、退職金等の労働条件に関する規定については、出向元の就業規則が、労務提供と指揮命令関係に関わる服務規律や労働時間、休憩、休日、休暇、懲戒等の勤務や職務秩序等に関する規定については、出向先の就業規則が、適用されることになると考えられます。

とはいえ、一般論としてこのようにいえるとしても、最終的な法律関係が不明確になるので、雇用契約上の権利義務のうち、どの部分を出向先に引き継ぐかについては、出向協定や出向規定で、明確に定めておくことが望ましいといえます。

（川上　邦久）

Q24 事業譲渡に伴う転籍

当社は、ある部門の事業を他社に事業譲渡し、同時に、当該部門の従業員も当該他社に転籍してもらうことを検討しています。
❶ 対象となる従業員を本人の同意なく強制的に転籍させることはできるでしょうか。
❷ 転籍を了承しない従業員を解雇することはできるでしょうか。

A❶ 事業譲渡の場合は、従業員の同意なくして転籍させることはできません。会社分割の場合は同意なく移籍の効果を生じさせることができます。

A❷ 転籍を了承しない従業員を解雇することは原則的にはできません。ただし、事業譲渡に伴い、譲渡元の会社にその事業がなくなり、当該従業員が勤務地限定ないし職種限定の場合は、解雇が認められる余地があります。

1 事業譲渡をするとなぜ転籍が問題となるのか

事業譲渡においては、企業の一部門を切り離して他社へ譲渡することが予定されています。譲渡の対象となるのは、単なるモノだけではなく、その事業部門で働く従業員も含まれます。つまり、事業譲渡をする場合はヒトとモノを含めた、その事業全体を譲渡することになるので、ヒトの移籍である転籍が問題になるのです。

2 事業を分ける方法

企業に複数の事業がある場合、その一部の事業を他の企業に移す手法として、事業譲渡による方法と会社分割による方法があります。前者は、事業を別の企業に売却するもの（売買）なので事業に伴い移転する契約関係に関し

てはその契約の当事者（たとえば賃貸借契約の賃貸人）の同意を個別に得る必要があります。これに対して後者は、会社法の規定に基づき会社を分割することで、一部の事業が他社にそのまま承継されるもので、移転する契約の当事者の同意は不要であるとされています。

3 転籍と従業員の同意

　転籍とは、現在の雇用主との労働契約関係を終了させて新たに他の雇用主との間に労働契約関係を成立させ、当該雇用主の業務に従事する人事異動をいいます。このように、転籍は、従業員の所属する会社が変わってしまうこと、つまり、労働契約の当事者が変わることを意味するので、会社の側が一方的に転籍を命じることはできません。したがって、会社が従業員に転籍してもらうには、従業員の個別の同意が必要になります。

4 事業譲渡と転籍

1）事業譲渡の場合

　事業譲渡は、事業を売買によって他の会社に譲渡するものなので、従業員の移籍を伴うものです。そして、それは他社への移籍となりますから、転籍と同じことになります。転籍には上記のとおり従業員の個別の同意が必要なので、同意を条件に事業譲渡元と当該従業員の雇用契約を解約し、事業先の会社と当該従業員との間で新たな雇用契約を締結してもらうというのが通常のやり方になります。従業員が転籍に反対し、会社が従業員の同意を得られない場合には当該従業員に転籍してもらうことはできないことになります。その場合、当該従業員が所属していた事業は、譲渡元の会社から消滅してしまいますから、当該従業員としては譲渡元の会社の別の事業部門に移るか（配置転換）、当該会社を辞めることになります。会社が配置転換をせずに従業員を解雇できるかについては、後述する**6**のとおりです。

2）会社分割の場合

　会社分割は、会社法の規定に基づき組織が複数に分かれるだけなので、従

業員が移籍することにはならず、転籍の問題は生じません。会社分割により従業員と会社の契約関係はそのまま分割承継会社に承継されることになります。したがって、この場合は分割される事業に所属し、移籍の対象となる従業員の同意なくして、移籍が生じることになります。この場合、移籍の対象となるのは、分割される事業に「主として従事する」従業員となります。「主として従事する」とは、その事業に専属的に従事する場合のほか、複数の事業に従事している場合には、最も長い時間その事業に従事していることを指します。このような従業員が移籍の対象となります。

5 転籍と労働条件の変更

　他社に事業が譲渡される場合、転籍によって他社の従業員になるので、転籍先の労働条件に従うことになります。つまり、転籍には労働条件の変更が伴うことになります。事業譲渡による転籍の場合は、従業員の同意が必要になりますが、この場合の同意は、単なる転籍についての同意ではなく、転籍先の労働条件についても従業員が同意している必要があります。

　他方で、会社分割による場合は、前記のとおり転籍の問題は生じず、労働契約関係はそのまま分割承継会社に承継されることになります。分割承継会社で労働条件を変更する場合には、就業規則の変更が必要になります。労働条件が切り崩される場合には、不利益変更となり、合理性が必要になります（**Q20** 参照）。

6 転籍に応じない場合の解雇

　会社分割によるのではなく、事業譲渡によって事業を転移する場合には従業員の転籍についての同意が必要になりますが、従業員が同意しない場合、会社としてはその従業員を解雇できるのでしょうか。

　一般的にいえば、転籍に応じない従業員を、それを理由に解雇するのは、解雇の合理的理由がなく、解雇できないと解されています。ただ、これは転籍一般の議論です。事業譲渡に伴う転籍の場合は、別途考慮が必要です。な

ぜなら、事業譲渡の場合、当該事業が他社に移転してしまい、譲渡元の会社には当該事業がなくなってしまうからです。事業譲渡の場合、転籍を希望しない従業員は、譲渡元の別の事業部門に移る必要があります。このような場合、譲渡元の会社は配置転換によって対応すべきですから、解雇の合理性が認められることは多くはないと思われます。しかし、ある事業所全体が事業譲渡の対象に含まれているような場合、その事業所で勤務する従業員のなかには勤務地限定ないし職種限定で雇用されている者が含まれていることもあります。たとえば、和歌山県にある工場が別の会社に事業譲渡された場合、別の事業の工場が宮城県にあるときには、当該従業員は宮城工場に配置転換することが考えられます。ただ、和歌山工場の従業員は和歌山で働くことを勤務の条件にして雇用されたということもあります。このような場合は、当該従業員は宮城工場への配置転換を望まず、会社としても、配置転換命令ができない可能性があり、結局、会社としては配置転換では対応できないことになります。したがって、このような場合、会社としては解雇しか選択肢がなくなるということになり、解雇には合理的理由が認められる場合もあるのではないかと考えられます。

(市川　充)

懲 戒

Q25 懲戒処分の種類、手続き

当社は、従業員に対する懲戒制度の見直しを検討しています。
❶ 懲戒処分にはどのような種類がありますか。
❷ 就業規則に定めのない種類の懲戒処分を行うことはできますか。
❸ 懲戒処分を決定するにあたっては従業員に弁明の機会を与える必要がありますか。
❹ 懲戒処分が決定するまで従業員に自宅待機を命じることはできますか。また、この間、賃金は発生しますか。

A❶ 懲戒処分の種類としては、「訓告」「戒告」のように軽微な処分から「懲戒解雇」のように極刑と呼ばれることもある処分まで、会社に応じてさまざまなものがあります。

A❷ 就業規則に定めのない種類の懲戒処分を行うことはできません。

A❸ 懲戒処分を決定するにあたっては従業員に弁明の機会を与える必要があります。

A❹ 懲戒処分が決定するまで従業員に自宅待機を命じることは可能です。この間、賃金が発生するか否かは事案により異なります。

第3章 人事

1 懲戒処分の種類（Qの❶）

1）懲戒処分の種類・内容に関する労働基準法の規定

懲戒処分の種類や内容は、会社が独自に決めるものです。懲戒処分の種類や内容に関する労働基準法の規定も、次の程度にとどまります。

① 就業規則に制裁の定めをする場合は種類および程度に関する事項を定めること（労働基準法89九）。

② 減給の制裁を定める場合には、その減給は、1回の額が平均賃金の1日分の半額を超え、総額が1賃金支払期における賃金総額の10分の1を超えてはならない（労働基準法91）。

2）懲戒処分の種類・内容に関する一般の例

このように懲戒処分の種類や内容は会社が独自に決めるものですが、多くの会社では、次のような種類・内容を定める例が多いと思われます。

なお、減給の制裁に関する制限（前記1）の労働基準法による制限）を除けば、以下の懲戒処分の内容は一例にすぎません。

訓告：口頭により将来を戒める。

戒告：文書により将来を戒める。

減給：1回につき平均賃金の2分の1以内を減給する。ただし、減給が2回以上の場合でも、その総額は1賃金支払期における賃金総額の10分の1以内とする。

出勤停止または停職：2か月以内の範囲で出勤を停止し、その間の給与・手当等を支払わない。

降職または降格：役職上の地位および格付けを1等級引き下げる。

諭旨解雇または諭旨退職：説諭のうえで退職を勧奨して退職させる。諭旨退職に応じない場合には懲戒解雇とする。

懲戒解雇：解雇予告期間をもうけないで即時解雇する。また、所轄労働基準監督署長の解雇予告除外認定を受けたときは解雇予告手当を支給しない。なお、退職金は支給しない。

上記以外にも、「譴責(けんせき)」というような懲戒処分もありますが、これは「訓告」または「戒告」に相当する懲戒処分であることが多いようです。また、上記内容の懲戒処分に併科するものとして、労働者からの「始末書」提出を規定する例もあります。

3）懲戒事由について

　以上は、懲戒処分の種類・内容に関する問題ですが、懲戒処分には、もう一つ懲戒事由という問題もあります。つまり、どのような事由があるときに、懲戒処分にすることができるかということで、懲戒処分の種類・内容を「罰」とすれば、これに対応する「罪」の問題です。

　どのような懲戒事由を定めるかも、会社が独自に決めるものですが、概要をまとめると次のようになります。

① 無断もしくは正当な事由のない遅刻、早退、欠勤等や職場離脱、職場放棄のような勤怠に関する事項。
② 会社の定める諸規則への違反。
③ 上司からの指示、命令への違反や職務怠慢、または越権行為や専断的行為。
④ 会社財産の私的利用や業務目的外の会社施設への立ち入り等。
⑤ 各種の法令違反行為、不正行為、反社会的行為、その他企業秩序紊乱行為。
⑥ 故意、過失等により、会社に損失または損害を与えたとき。
⑦ セクハラ、パワハラ等のハラスメント行為。
⑧ 各種情報の漏洩行為。
⑨ 重大な経歴詐称。
⑩ 他の企業等の役員、使用人となること、あるいは自己の営業または事業を営むこと等の競業行為または兼職禁止違反行為。

2　懲戒処分のルール（Qの❷❸）

　懲戒処分の種類・内容、懲戒事由に関する一般の例は前記のとおりですが、

ここでは懲戒処分に関するルールを解説します。就業規則に定めのない種類の懲戒処分を行うことができるか、従業員に弁明の機会を与える必要があるかというのも、ここでの問題です。

1）懲戒権の根拠と限界（フジ興産事件・最判平成15年10月10日）

① 使用者が労働者を懲戒するには、あらかじめ就業規則で懲戒の種別および事由を定めておかなくてはならないとする判決を、裁判所は下しました。

懲戒の種別とは前記の懲戒処分の種類・内容のことであり、事由とは前記の懲戒事由のことです。これらは、あらかじめ就業規則によって定められる必要があるので、就業規則に定めのない種類の懲戒処分を行うことはできないということになります（Qの❷）。

② また、就業規則が法的規範としての性質を有するものとして拘束力を生じるためには、その内容を、適用を受ける事業所の労働者に周知させる手続きがとられていなくてはならないとも、判決は述べています。

この点からは、あらかじめ就業規則に懲戒の種別および事由を定めておいても、その就業規則の適用を受ける労働者に、その内容が周知（周知については**Q28**参照、周知と就業規則の効力発生要件については労働契約法7、10参照）されていないと、法的効力は生じません。つまり、就業規則に定める懲戒処分を行うことができないということになります。

2）懲戒処分に関する一般的原則（労働契約法15）

労働契約法15条は、上記1）で述べたような周知された就業規則に懲戒の種別および事由が定められていることにより、使用者が労働者を懲戒することができる場合でも、労働者の行為の性質および態様その他の事情に照らして、客観的に見て合理的な理由を欠き、社会通念上相当であると認められないときは、権利を濫用したものとして懲戒は無効とすると規定しています。

3）懲戒処分の有効性に関する主要な留意点

① 懲戒事由には明確性と合理性が求められます。

この関係では、就業規則の定める懲戒事由に対して、合理的な限定解釈が加えられる可能性もあります。

② 遡及処罰は禁止です。

労働者の問題行為が就業規則の定める懲戒事由に該当しないときに、就業規則を変更して新たな懲戒事由をもうけ、そのような事後的にもうけられた懲戒事由を根拠に懲戒処分を行うことはできません。

③ 二重処罰は禁止です。

すでに懲戒処分を受けているのと同じ事実に対して、重ねて懲戒処分を行うことはできません。

ところで、❶2)の懲戒処分の種類・内容で記載した降職または降格は、懲戒としてではなく、本人の能力等に基づく人事上の措置として行われることもあります。また、始末書は、業務遂行上の教育的指導として行われることもあります。

そこで、降職または降格をする、または始末書を提出させる場合には、それを懲戒として行うのか、それとも懲戒とは別の上記のような人事あるいは教育的措置として行うのかを、会社自身がよく認識し、そのどちらであるかを記録上も明確にし、本人にも十分に説明する必要があります。そうしないと、人事措置としての降職・降格や、教育的措置としての始末書提出をさせた後に何らかの懲戒を行うと、二重処罰で無効とされる可能性があるので、注意が必要です。

④ 前記のとおり、就業規則に定めのない種類の懲戒処分を行うことはできません（Qの❷）。

⑤ 具体的な懲戒処分を決めるに際しては、懲戒事由の内容・程度に応じた相当なものである必要があります（いわば罪と罰の均衡が求められます）。

⑥ 具体的な懲戒処分を決めるに際しては、過去の同種行為に対するものと同等の内容である必要があります（平等取扱いの要請）。

⑦ 懲戒事由の発生時期と懲戒処分が行われた時期が離れていると、そのような懲戒処分は無効とされることがあります。ネスレ日本事件（最判平成18年10月6日）では、労働者の暴力から約7年経過後の諭旨退職処分を無効としています。

⑧ 懲戒処分に際しては、労働者本人に弁明の機会を与える必要があります（Qの❸）。

就業規則で弁明の機会を与えることが規定されている場合はもちろんのこと、就業規則には弁明の機会を与えることについての規定がない場合でも、懲戒処分は、労働者が一方的に科される不利益処分であり刑罰に類似する性格を持つことから、適正手続きが求められ、その内容として労働者本人に弁明の機会を与える必要があるというのが、裁判例の主流と思われます（日本通信事件・東京地判平成24年11月30日、日本ボクシングコミッション事件・東京地判平成27年1月23日）。

3 懲戒処分が決定するまでの間の自宅待機（Qの❹）

1）懲戒処分が決定するまでの暫定的措置としての自宅待機

2)で述べたとおり、出勤停止または停職という懲戒処分がありますが、ここで問題とするのは、これとは区別される「懲戒処分が決定するまでの」自宅待機です。その目的としては、懲戒処分決定のための事実調査や会社業務への支障を避けることが想定されます。

このような自宅待機は、就業規則に根拠規定があればもちろん、そのような根拠規定がない場合でも業務命令として可能といえます。

ただし、次の点に注意が必要です。

① 前記2の3)③で述べた二重処罰禁止との関係から、それが懲戒処分としての出勤停止または停職なのか、それとも懲戒処分が決定するまでの暫定的措置としての自宅待機なのかを明確にしておく必要があります。

② 懲戒処分決定のための事実調査等の目的や必要性を超えて長期にわたる場合には、違法とされる可能性があり（ノース・ウエスト航空事件・千葉地判平成5年9月24日）、その場合には、自宅待機命令に違反して出勤した事実があっても、業務命令違反を理由とする解雇や懲戒処分はできないことになります。

2）懲戒処分が決定するまでの間の自宅待機中の賃金

① 懲戒処分が決定するまでの間の自宅待機について、これを就業規則の根拠規定に基づき命じる場合でも、そのような根拠規定なく一般の業務命令として命じる場合でも、いずれも一種の職務命令と見られることから、これに従って自宅待機すれば労務提供（労務の履行）をしたことになるので、賃金全額の支払いが必要という法律構成がありえます（日通名古屋製鉄作業事件・名古屋地判平成3年7月22日はこのような法律構成と思われます。なお、当事者の主張内容からすると就業規則に根拠規定がある場合ではないかと推測されます）。

また、懲戒処分が決定するまでの間の自宅待機命令を労務の受領拒否と法律構成しても、その目的が事実調査等にあることからすると、自宅待機は会社の都合によるとはいえ、そのような会社の都合で労働者の労務提供ができなかったときには、会社の責めに帰すべき事由により労務提供ができなかった場合として、労働者は労務提供の反対給付である賃金請求権を失いません（民法536②。前掲の日通名古屋製鉄作業事件の労働者側の主張はこのような法律構成と思われます）。

このように、その法律構成はいくつか考えられますが、結論としては、賃金全額の支払いが必要というのが原則論です。

② 上記の例外として賃金が発生しないのは、不正行為の再発、証拠隠滅のおそれなど緊急かつ合理的な理由が存在する場合か、または懲戒処分が決定するまでの間の自宅待機を実質的な出勤停止処分に転化させる懲戒規定上の根拠が存在する場合というのが、前掲の日通名古屋製鉄作業事件の判決です。

このなかで、緊急かつ合理的な理由というのは、労働者の労務提供を拒否することの実質的な理由または正当な理由をいうものと思われ、そのような理由がある場合には民法536条2項の適用がなく、同条1項により賃金請求権は生じないということになるといえます（この点で前掲の日通名古屋製鉄作業事件判決も民法536条を念頭に置いているものと推測されます）。

また、実質的な出勤停止処分に転化させるというのは、懲戒処分が決定するまでの間の自宅待機「期間」を、そのまま懲戒処分としての出勤停止「期間」に算入するという考えなのでしょう。しかし、そうなると会社は、上記の緊急かつ合理的な理由がないときは、懲戒処分として出勤停止を予定する場合でなければ、懲戒処分が決定するまでの間の自宅待機を命じることができないともいえます。

　このような点からすると、懲戒処分が決定するまでの間の自宅待機に対して賃金支払いの必要があるか否かは、労働者の労務提供を拒否することの実質的な理由または正当な理由の存否という点が重要になるといえます。

（今村　哲）

Q26 セクハラを行った従業員に対する懲戒処分

同僚の女性に対してセクハラをした従業員に対する懲戒処分を検討しています。どのような点に注意して処分を検討すればよいでしょうか。

A 懲戒処分には、処分自体の相当性および手続きの相当性が求められます。特にセクハラの事案では、仮に懲戒事由に該当する場合でも、行為の内容や重大性等のほかに、被害者の意向・心情へも十分な配慮をしたうえで慎重に処分を決定する必要があります。

1 懲戒処分について

懲戒処分とは、労働者が企業秩序を乱す行為（非違行為）をした場合に、その行為に対する制裁として行われる不利益措置をいいます。

会社が労働者に対して懲戒処分を科すには、就業規則上の根拠が必要です。就業規則に懲戒処分に関する定めがないにもかかわらず、労働者に対して懲戒処分を科した場合、その処分は無効となります。また、労働者に対して、就業規則に定められていない種類の処分を科すこともできません。

懲戒事由（どのような行為が懲戒対象になるのか）については、無断欠勤等の勤怠に関する事項のほか、越権行為、会社財産の私的利用等の不正行為、各種法令違反行為、セクハラ（セクシュアル・ハラスメント）・パワハラ（パワー・ハラスメント）等のハラスメント行為、経歴詐称など、企業によって規定の仕方はさまざまです。また、具体的な懲戒処分の種類（措置の内容）には、懲戒解雇、諭旨解雇、降格、停職、昇給停止、減給、譴責、戒告などがあり、会社は、十分な事実調査を経たうえで、懲戒処分をするか否か、する場合にはいかなる処分とするかを決定することとなります（懲戒処分の種類についての詳細は、**Q25** を参照してください）。

2 懲戒処分を検討する場合の一般的注意点

1）処分の相当性

　労働契約法15条は、「使用者が労働者を懲戒することができる場合において、当該懲戒が、当該懲戒に係る労働者の行為の性質及び態様その他の事情に照らして、客観的に合理的な理由を欠き、社会通念上相当であると認められない場合は、その権利を濫用したものとして、当該懲戒は、無効とする。」と規定しています。

　したがって、労働者が就業規則の定める懲戒事由に該当する行為を行った場合でも、その具体的な懲戒処分を決めるに際しては、懲戒事由の内容・程度に応じた相当なものである必要があります。

　このほか、懲戒処分を科すにあたっては、①二重処罰禁止（一つの非違行為に対して、複数懲戒処分を科してはならない）、②不遡及の原則（懲戒処分の根拠規定が定められる前に行った行為について、さかのぼって当該処分を科すことは許されない）、③平等取扱いの原則（過去の同種行為に対する処分と明らかに均衡を欠く処分を科してはならない）に反しないか、留意する必要があります。

2）手続きの相当性

　懲戒事由の発生から懲戒処分までの手続きについては、法律では特段の規定がないので、何も定めていない企業もあれば、就業規則や労働協約で定めている企業もあります。懲戒手続きを定めている場合、当該手続きを踏まずになされた懲戒処分は、無効とされる可能性が高くなります。

　手続き面で特に留意すべき点は、非違行為を行った従業員に弁明の機会を与えるかどうかです。就業規則で弁明の機会を付与する旨が規定されている場合はもちろんそれに従う必要がありますが、仮に規定がない場合でも、懲戒処分は、労働者に科される重い不利益処分であり、刑罰に類似する性格を持つため、適正手続きの観点から本人には弁明の機会を与えるべきでしょう（日本通信事件・東京地判平成24年11月30日等参照）。特に、懲戒解雇のよう

な重い処分を検討している場合は、十分な弁明の機会を与えておかなければ、のちのち処分の無効等を主張されるリスクが高くなります。

　また、できるだけ手続きを迅速に進めることも重要です。懲戒処分を行うには慎重な事実調査が必要ですが、だからといって非違行為発生から懲戒処分までにあまり長い期間をかけることは、懲戒対象者の法的地位を著しく不安定にするのみならず、非違行為に対する対応が遅いという企業のマイナスイメージにもつながりかねません。もし懲戒事由の発生後、処分までに時間を要する見込みがある場合は、理由とともにその旨を非違行為者その他の関係者（非違行為の被害者等）に説明しておくべきでしょう。

3 セクハラをした従業員に対する懲戒処分について

1) 処分の相当性について

　セクハラ行為は、主に被害を受けた従業員またはその周囲の同僚からの申告によって発覚することが多いでしょう。

　男女雇用機会均等法11条2項および厚生労働省の指針によれば、会社は、セクハラの事実が判明した場合には迅速かつ適切に対応し、再発防止のための措置を講ずることが求められており、当該措置の一環として、セクハラ行為を行った従業員に対し、就業規則等の社内ルールに従った処分を科す必要があります（セクハラの定義や会社の責務等については、**Q38**「セクハラ防止のためにとるべき対策」参照）。

　多くの会社では、就業規則に懲戒事由としてセクハラ・パワハラ等のハラスメント行為、法令違反行為（強制わいせつ等）、その他企業秩序紊乱行為などが定められているので、事実関係を調査した結果セクハラ行為が認められれば、懲戒処分を含めて対処を検討することになるでしょう。

　もっとも前述のとおり、懲戒処分については、処分の相当性を欠けば権利の濫用とされる場合があるので注意が必要です。

　裁判所は、セクハラ事案に関して、以下の事情を総合的に考慮して懲戒処分の相当性を判断しているものと考えられています。

- セクハラ行為の具体的内容（就業時間内かどうか、場所が密室かどうか、身体的接触はあるかどうか、どの程度の期間続いたものか、など）
- 被害者の人数および加害者との関係（上司と部下等）
- 加害者の態度（真摯な反省と謝罪があったか）
- 被害感情の大きさ（示談解決の有無等）
- 加害者の過去の懲戒処分その他の前歴の有無

　たとえば、刑法上の強制わいせつ罪に該当するような悪質な態様のケースでは、ただちに懲戒解雇をしても有効とされる場合が多いといえますが、その程度には至らない程度の身体的接触を伴う性的要求等の場合、裁判所は慎重に懲戒処分の有効性を判断する傾向にあります。

　特に、懲戒処分に至るまでにセクハラ行為等についての注意・指導等がなされたことがあるか、過去に懲戒処分を受けたことがあるかどうかを、判断要素として重視しているものと理解されています。もっとも、過去に懲戒処分を受けたことがなく、かつ会社から事前に警告や注意等を受けていなかった場合でも、行為の悪質性や、加害者が本来セクハラ防止のために周囲を指導すべき立場であったことなどから、出勤停止処分が有効とされたケースもあります（海遊館事件・最判平成27年2月26日）。

2) 被害者の意向等を尊重すること

　セクハラ行為に対して懲戒処分を検討する際には、当該セクハラ行為を受けた被害者の立場に十分に考慮する必要があります。事案によっては、セクハラ行為を行った従業員からのさらなる嫌がらせが発生したり、あるいはそのような嫌がらせを恐れた被害者が、事実調査への協力を拒んだりするなどの事態が考えられるからです。

　したがって、まず前提となる事実調査では、被害者のプライバシーや心情面に配慮し、被害者と同性の担当者（たとえばセクハラ被害を訴えたのが女性従業員であれば、女性の担当者）が行うこと、ヒアリングを第三者が立ち入ることのできない個室で行うこと、聞き取りの事実および聴取した内容については秘密を守る旨を明確に伝えて話しやすい空気をつくること、などの工夫

が必要です。

　他方、セクハラ行為を行った従業員に対しては、単に処分を下すだけでなく、二度とセクハラ行為を行わないよう注意し、被害者を逆恨みすることのないよう説諭しておく必要があります。場合によっては、懲戒処分に加えて配置転換（被害者とは離れた部署に異動させる等）などもあわせて検討すべきでしょう。

　また、被害者のなかには、配置転換や本人の誓約（二度とセクハラ行為を行わない旨）等さえあれば、それ以上の厳罰を望まないケースもあります。会社としては、懲戒処分が他の労働者に対する戒め、将来同種の事案が発生した際の前例という意味合いもあるので、必ずしも被害者の意向に従う必要はありませんが、上記のとおり「被害感情の大きさ」は処分の相当性を判断するうえでの考慮事由の一つなので、このような被害者の意思は十分に尊重したうえで、慎重に決断することが求められます。

（櫻庭　知宏）

Q27 会社外部の事情による懲戒（私生活上の非行行為）

従業員が会社外で以下のような非行に及んだ場合、当該従業員に対して何らかの懲戒処分を行うことはできますか。

❶ 暴行事件を起こした。
❷ 飲酒運転をした。
❸ 電車内で痴漢をした。

A 　従業員の私生活上の非行が会社の業務に支障をきたすおそれがある場合には、従業員に対して懲戒権を行使することができます。ただし、具体的な懲戒処分を検討するにあたっては、当該非行行為の性質および態様といった点に加えて、会社の事業の種類・態様・規模、会社の業界内での地位、経営方針、当該従業員の会社内の地位・職種等から、業務の運営や会社の名誉や信用にどの程度の影響を及ぼすかを考慮する必要があります。

1 従業員の私生活上の非行を理由とする懲戒処分の可否

　従業員と会社との間の労働契約においては、従業員は、会社が事業活動を円滑に遂行するために必要な限りで企業秩序を遵守する義務を負います。したがって、会社の業務外の従業員の行動は、私生活上の行為として本来的に本人の自由に委ねられるべきものであり、会社がこれをコントロールすることはできません。

　もっとも、たとえば、従業員の私生活上の非行が報道やインターネットで取り上げられるなどして、会社の信用や名誉が毀損されることがありうるのも事実です。そこで、裁判例では、「職場外でされた職務遂行に関係のない労働者の行為であっても、企業の円滑な運営に支障を来すおそれがあるなど企業秩序に関係を有するものもあるのであるから、使用者は、企業秩序の維

持確保のために、そのような行為をも規制の対象とし、これを理由として労働者に懲戒を課することも許される」と判示されています（関西電力事件・最判昭和58年9月8日）。すなわち、従業員の私生活上の非行が会社の業務に支障をきたすおそれがある場合には、会社は、職場の秩序維持・回復を目的として、当該従業員に対して懲戒権を行使することができると解釈されています。

会社の就業規則でも、服務規律に関する条項として「会社の名誉や信用を損なう行為をしないこと」、「その他労働者としてふさわしくない行為をしないこと」などの従業員の遵守事項がもうけられており、さらに、これに反した場合には懲戒処分の対象となる旨の規定が定められていることが一般的です。

2 懲戒処分を検討する際の注意点

1）適切な種類および程度の懲戒処分を選択する必要がある

労働契約法15条は、「使用者が労働者を懲戒することができる場合において、当該懲戒が、当該懲戒に係る労働者の行為の性質及び態様その他の事情に照らして、客観的に合理的な理由を欠き、社会通念上相当であると認められない場合は、その権利を濫用したものとして、当該懲戒は、無効とする。」と規定しています（**Q25**、**26**参照）。

したがって、従業員の私生活上の非行行為が就業規則における懲戒事由の文言に形式的に該当するからといって安易に懲戒処分を行うことはできず、種々の要素を勘案して、適切な種類および程度の懲戒処分を選択しなければなりません。具体的には、当該非行行為の性質および態様といった点に加えて、会社の事業の種類・態様・規模、会社の業界内での地位、経営方針、当該従業員の会社内の地位・職種等から、業務の運営や会社の名誉や信用にどの程度の影響を及ぼすかを考慮する必要があります。

古い事例ですが、深夜酩酊して他人の家に侵入し、住居侵入罪として罰金刑に処せられた従業員に対して、「不正不義の行為を犯し、会社の対面を著

しく汚した者」という懲戒解雇条項を適用して懲戒解雇したのを、行為の態様、刑の程度、職務上の地位などの諸事情から無効とした裁判例があります（横浜ゴム事件・最判昭和45年7月28日）。

2）刑事事件になった場合は手続きの状況を考慮する必要がある

　従業員が私生活上の非行を理由に逮捕されるなどして刑事手続きに発展した場合は、手続きの進捗状況を見て会社としての対応を決める必要があります。

　たとえば、従業員が現行犯逮捕された場合や、逮捕後に犯罪行為を認めている場合は、会社は当該従業員による犯罪事実があったものとして懲戒処分を検討してもよいでしょう。これに対して、逮捕後も犯罪行為を否認して争っている場合は、逮捕されたからといって犯罪行為があったと断ずることはできないので、検察官による起訴を待って起訴休職処分に付し、刑事裁判手続きが決着するまで休職扱いとしたうえで、刑事裁判での有罪判決確定後に懲戒処分を検討するのが妥当でしょう。会社として風評被害や信用低下を防ぐために早急に従業員を退職させたいという場合には、当該従業員と協議し、会社と従業員との合意によって労働契約を解約するよう努めてください。

3 ご質問についての検討

1）暴行事件（Qの❶）

　従業員が暴行事件を起こした場合、被害者の傷害の程度、示談の有無、本人の反省の程度、暴行事件によって生じた事業運営の支障の程度等から懲戒処分の要否および懲戒処分の種類を検討することになります。

　過去の裁判例では、従業員が寄宿先の婦人と家主とのけんかに加わり、家主を3、4回殴り罰金刑に処せられたことを理由に会社が懲戒解雇したという事案で、偶発的事犯であること、その態様が単純かつ軽微であること、宣告刑が罰金2万円という軽いものであること、当該従業員は工員として勤務していたものであり会社の信用を失墜させたとは考えられないことなどから、懲戒解雇は無効であるとした事例があります（日本農薬事件・佐賀地判

昭和51年9月17日)。

2) 飲酒運転（Qの❷）

　飲酒運転（法律上は「酒酔い運転」と「酒気帯び運転」に区分されています）による事故が後を絶たないことから、平成25年に自動車運転処罰法が制定されるなど飲酒運転に対する処罰は厳格化しており（下の表を参照）、飲酒運転に対する社会の目も以前にも増して厳しくなっています。

　このような社会情勢からすると、一般には、業務外の飲酒運転で検挙された場合に出勤停止とし、加えて被害者に重症を負わせた場合には懲戒解雇とすることは妥当であると考えられます。

　これに対して、運転業務に従事する者が業務外で飲酒運転をした場合には、ある程度厳しい処分を行うこともやむをえないでしょう。近年の裁判例では、大手運送会社の運転手が業務終了後、帰宅途上で飲酒し自家用車を運転し、酒気帯び運転で検挙（免停30日、罰金20万円）されたことを理由に、会社に懲戒解雇されたケースがありますが、物損や人損の発生の有無にかかわらず、懲戒解雇は有効との判断がなされました（ヤマト運輸事件・東京地判平成19年8月27日）。

3) 痴漢（Qの❸）

　電車内での痴漢は、悪質な迷惑行為であり犯罪行為にあたりますが（条例違反に該当する場合と刑法上の強制わいせつ罪に該当する場合があります）、その法定刑だけを見れば必ずしも重大犯罪といえるものではありません。

飲酒運転に対する行政処分、刑事処分（平成29年9月1日時点）

類型		行政処分			刑事処分
		違反点数	状　態	欠格期間	
酒酔い運転		35点	免許取消	3年	5年以下の懲役または100万円以下の罰金
酒気帯び運転*	0.25mg以上	25点	免許取消	2年	3年以下の懲役または50万円以下の罰金
	0.15mgから0.25mg	13点	免停90日		3年以下の懲役または50万円以下の罰金

＊呼気中アルコール濃度によって区分される。

そこで、痴漢で逮捕されたもののすぐに釈放され長期欠勤するに至らず、報道等もされておらず、業務の運営や企業の信用・評価に影響を与えていないような場合は、そもそも懲戒処分の対象とすべきではないでしょう。

　裁判例では、鉄道会社の従業員が電車内で痴漢行為を行った事案がいくつかあります。一つは、過去2回にわたって電車内での痴漢により逮捕された経歴があり、会社からも昇給停止・降職の処分を受けていたにもかかわらず、再び痴漢行為を行って懲役4か月・執行猶予3年に処せられたことを重く見て懲戒解雇に踏み切った会社の判断を有効とした事例（小田急電鉄事件・東京高判平成15年12月11日）です。もう一つは、やはり鉄道会社の従業員の痴漢行為ですが、マスコミ報道等はなく本人の勤務態度にも問題はなかったこと、罰金20万円と軽微な刑であったことなどから、諭旨解雇は無効であるとした事例（東京メトロ事件・東京地判平成27年12月25日）です。

（山口　智寛／菅　弘一）

第4章

就業規則

Q28 就業規則の作成義務、記載事項、届出、周知

就業規則について、以下のことを教えてください。

❶ 就業規則は必ず作成しなければならないのでしょうか。
❷ 就業規則に記載すべき事項にはどのようなものがありますか。
❸ 就業規則を作成・変更する際には、従業員の意見を聞かなければならないのでしょうか。
❹ 就業規則の届出・周知はどのようにすべきでしょうか。

A❶ 常時10人以上の労働者を使用する使用者は、所定の事項について就業規則を作成する義務、並びに作成・変更について労働基準監督署に届け出る義務があります（労働基準法89）。

A❷ 就業規則に記載すべき事項としては、始業・終業の時刻、休憩時間、休日、休暇、賃金の決定、計算および支払方法、締切日、支払日、並びに昇給に関する事項、退職に関する事項等があります（労働基準法89）。

A❸ 就業規則の作成、変更に際しては、労働者の過半数で組織される労働組合、そのような労働組合がないときは労働者の過半数の代表者の意見を聞かなければなりません（労働基準法90①）。

A❹ 就業規則の届出については、上記の過半数組合または労働者の過半数の代表者の意見書を添付して、所轄の労働基準監督署に届け出ます（労働基準法89、90②）。また、周知については、就業規則を作業場等の見やすい場所に掲示したり、そなえつけるなどの方法によって行う必要があります（労働基準法106①）。

第4章
就業規則

1 就業規則（労働基準法89）

1）就業規則とは何か

就業規則とは、労働者の就業上遵守すべき規律および労働条件に関する具体的細目について定めた規則類の総称です。

たとえば、規則または書面のタイトルが「賃金規程」というように「就業規則」という文言を用いていなくても、その内容が上記にあたるときは、その規則または書面の法的性格は、就業規則となります。

2）就業規則の作成・届出の義務（Qの❶）

常時10人以上の労働者を使用する使用者は、所定の事項について就業規則を作成する義務、並びに作成・変更について所轄の労働基準監督署に届け出る義務があります。

ここで「常時10人以上の労働者を使用する」とは、常態として10人以上を使用するという意味です。

したがって、常態として10人以上を使用しているが一時的に10人未満となることもあるという場合は上記に該当しますが、通常は10人未満であるものの繁忙期等に一時的に10人以上となることもあるという場合には、該当しません。

3）「10人以上の労働者」に関するその他の留意点

①　就業規則作成・変更およびその届出は、労働基準法89条一〇号や90条1項が、就業規則作成等について「事業場」単位で規定していることから、企業単位ではなく「事業場」または事業所単位で行われるのが原則です。

つまり、企業全体では10人以上でも、事業場または事業所単位で見ると10人に満たないときは上記に該当しません。

ただし、極めて小規模の出張所等のように独立した一つの組織と見られないものは「事業場」としては扱われません（昭和22年9月13日発基17号、昭和23年3月31日基発511号、昭和33年2月13日基発90号）。この場合、その上位に位置する支店等に包摂され、当該出張所等の労働者は支店等の労働

者としてカウントされます。

② 正社員以外にも、契約社員、パートタイマー等は上記の「労働者」に該当します。つまり、契約社員、パートタイマー等はカウントの対象になります。

③ これに対し、派遣労働者、下請労働者等の労働契約関係の存在しない者は上記の「労働者」に該当しません。つまり、派遣労働者、下請労働者等はカウントの対象外になります。

2 就業規則の記載事項（Qの❷）

1) 絶対的必要記載事項

就業規則によって必ず定めなければならない事項としては、次のものがあります（労働基準法89 一～三）。

① 始業・終業の時刻、休憩時間、休日、休暇に関する事項。
　また、労働者を2組以上に分けて交替で勤務させる場合には、就業時転換に関する事項。
② 賃金（臨時の賃金等を除く）の決定、計算および支払方法、賃金の締切りおよび支払いの時期、並びに昇給に関する事項。
③ 退職に関する事項（解雇事由を含む）。

2) 相対的必要記載事項

一定の制度に関する「定めをする」（＝制度をもうける）場合には、必ず記載されなければならない事項としては、次のものがあります（労働基準法89 三の二以下）。

① 退職手当の定めをする場合には、適用される労働者の範囲、退職手当の決定、計算および支払いの方法、並びに退職手当の支払時期に関する事項。
② 臨時の賃金等（退職手当を除く）および最低賃金額の定めをする場合には、それに関する事項。
③ 労働者に食費、作業用品その他の負担をさせる定めをする場合には、それに関する事項。

④　安全および衛生に関する定めをする場合には、それに関する事項。
⑤　職業訓練に関する定めをする場合には、それに関する事項。
⑥　災害補償および業務外の傷病扶助に関する定めをする場合には、それに関する事項。
⑦　表彰および制裁の定めをする場合には、それに関する事項。
⑧　その他、当該事業場の労働者のすべてに適用される何らかの定めをする場合には、それに関する事項。

3 従業員代表からの意見聴取（Qの❸）

1）意見聴取義務（労働基準法90①）

就業規則の作成、変更に際しては、労働者の過半数で組織される労働組合の意見を、そのような労働組合がないときは労働者の過半数を代表する者の意見を聞かなければなりません。

2）意見聴取に関する留意点

①　就業規則の作成、変更、そして意見聴取は事業場単位で行います。

②　労働者の過半数で組織される労働組合があるときは、その組合から意見を聴く必要があります。この場合の従業員代表は過半数組合であり、労働者の過半数代表者ではありません。

③　会社は、聴取した意見の内容に拘束されることはありません。反対意見であっても、それ自体が就業規則の作成、変更の効力に影響を与えることはありません。

④　就業規則の届出には従業員代表の意見書を添付する必要があるので（労働基準法90②）、意見は書面（意見書）でもらう必要があります。

⑤　また、意見は「聴いたこと」＝意見を述べる機会を与えたことが重要なので、意見書の提出を拒否されるときは、意見を述べる機会を与えたことを客観的に証明する資料（就業規則の作成、変更に対する意見書提出を求める旨の労働組合宛の書面等）があれば、労働基準監督署は意見書の添付がなくても就業規則の届出を受理します（昭和23年5月11日基発735号、昭和23年

10月30日基発1575号)。

3) 労働者の過半数代表選出の条件（労基則6の2①）

① 管理監督者（労働基準法41二）でないこと。

② 就業規則の作成、変更の際に、会社が労働者の過半数代表として意見を聴取される者の選出であることを明らかにしたうえで、投票、挙手等の方法によって選出された者であること。

なお、投票、挙手以外の方法としては、労働者の話し合い、持ち回り決議等の民主的な方法・手続きがあります（平成11年3月31日基発169号）。これに対し、使用者による指名、一定の役職者を自動的に代表とすること、一定範囲の役職者の互選による代表選出などは認められません。

4 就業規則の届出と周知（Qの❹）

1) 就業規則の届出

就業規則の届出は、「就業規則（変更）届」に必要事項（「今般、添付のとおりに就業規則を作成・変更しましたので、労働者代表の意見書を添えてお届けします」というような定型文言のほかは事業所の住所、名称等のみです）を記載のうえで、所轄の労働基準監督署に届け出ます（労働基準法89、90②、労基則49①）。

労働基準監督署に提出する書面は、上記「就業規則（変更）届」、就業規則、それに過半数組合または労働者の過半数代表の意見書となります。

なお、上記意見書には、従業員代表（従業員代表が過半数組合の場合は執行委員長等の代表役員）の署名または記名押印が必要です（労基則49②）。

2) 就業規則の周知

就業規則の周知は、就業規則を作業場等の見やすい場所に掲示する方法、そなえつける方法、書面を交付する方法などの一定の方法により行われる必要があります（労働基準法106①、労基則52の2）。

掲示、そなえつけ、書面交付以外の方法としては、磁気テープ、磁気ディスクなどの媒体に記録し、その記録を労働者がいつでも確認できるようにす

る方法があります（労基則52の2三）。社内LANによって、労働者がいつでも確認できるようにする方法でもかまいません（平成11年1月29日基発45号）。

3）就業規則の効力発生と周知

最高裁判決（フジ興産事件・最判平成15年10月10日）は、就業規則が法的規範としての性質を有するものとして拘束力を生ずるためには、その内容を、適用を受ける事業場の労働者に周知させる手続きがとられていることを要するとしています。

つまり、周知がされていない就業規則については、法的効力を生じないというのが上記最高裁判決です。なお、労働契約法7条、10条が、周知を就業規則による労働条件決定の要件としているのも同趣旨といえます。

このように周知は就業規則の効力発生と関係しますが、求められるのは周知のための措置（前記2)で述べた方法）をとることであり、現に労働者が就業規則の内容を知っているか否かは関係ありません。周知のための措置がとられていれば、労働者が就業規則の内容を知らなくても就業規則を適用することは可能です。

4）就業規則の効力発生と届出

周知と異なり、労働基準監督署への届出は、行政監督上の便宜のために課される義務であって、違反に対する罰則は30万円以下の罰金と定められていますが（労働基準法120一）、就業規則の効力発生とは関係しないといえます。

（今村　哲）

Q29 就業規則の効力

就業規則と異なる取扱いが定着している場合でも、そのような取扱いは就業規則にないから無効になるのでしょうか。

A 就業規則と異なる取扱いが定着している場合、それが長期間反復継続して行われており、使用者と労働者の双方が明示的にこれによることを排除せず、かつ、ともにそれに従うことを事実上のルール（規範）としているつもりでいるときには、いわゆる労使慣行が成立しているものとして、就業規則に優先するものとされ、これが無効になることはありません。

1 どのような場合に問題が生じるか

たとえば、就業規則上は皆勤手当の支給の対象となる者について何ら規定がないにもかかわらず、実際には役職者には皆勤手当を支給しないことが長年慣例化しているという場合、就業規則に従えば、皆勤手当は全従業員に支給されるべきですが、実際の支給は就業規則とは異なる取扱いがなされていることになります。それでは、役職者に皆勤手当を支給しないというこれまでの取扱いは、就業規則に違反するものとして無効になってしまうのでしょうか。

あるいは、就業規則上は休憩時間が昼の12時から午後1時までと定められているのに、昼の休憩時間とは別に午後3時から15分間の休憩時間をとるという取扱いが長期間続いていた場合に、使用者の側が午後の休憩時間は就業規則に反するから無効として、一方的に就業規則のとおりに休憩時間を昼だけにすることは、できるのでしょうか。

2 労働条件や職場規律を規定するものは何か

　賃金、労働時間、休日、休憩といった労働条件や労働者が職場で遵守すべき規律は、統一的に規定されなくてはならないので、使用者が定める就業規則によることになります。また、職場や企業に労働組合がある場合には、組合と使用者が交渉して労働条件等について労働協約を締結します。これらの就業規則や労働協約の内容が使用者と労働者の間の労働契約に溶け込んでいきます。これらは、労働条件となるものなので、労働者にとっても使用者にとっても重要なものであり、明文の形で規定され、その内容も明確となります。この明確なルールに従って、労働条件や職場規律が規定されることになるのが原則です。つまり、労働条件と職場規律に関する使用者と労働者のルールは、就業規則や労働協約となります。

3 就業規則等と異なる取扱い

　ところが、職場や企業によっては、冒頭の皆勤手当や休憩時間の事例のように、就業規則とは異なる取扱いが事実上、長年にわたって続いていることが少なくありません。そこで、このような就業規則と矛盾する取扱いが就業規則に優先するのか否かが問題となるのです。

　労働条件等についてのルールである就業規則は、法定の手続きに従って定められているので、これに違反したり、矛盾したりする取扱いは、原則として無効です。原則は、就業規則が優先されることになります。

　しかし、使用者も労働者も事実上の取扱いのほうがよいと思って、あえて就業規則とは異なる取扱いをしているような場合には、事実上の取扱いを就業規則に優先させたからといって、使用者にも労働者にも不利益が生じることにはなりません。かえって、就業規則を優先させることにより、当事者の利益を害しかねない結果が生じることもあります。したがって、このような場合には、就業規則に矛盾する取扱いを優先させてもよい場合があるはずです。このような就業規則に優先する取扱いのことを労使慣行と呼んでいます。

4 労使慣行の認められる要件

そこで、どのような場合に、労使慣行が認められるのか、つまり、事実上の取扱いが就業規則に優先するのかが問題となります。

この点について、判例（大阪高判平成5年6月25日）は、労使慣行と認められるには、①同種の行為または事実が一定の範囲で長期間反復継続して行われていたこと、②労使双方が明示的にこれによることを排除・排斥していないこと、③当該慣行が労使双方の規範意識によって支えられていることを要し、④使用者側では、当該労働条件についてその内容を決定しうる権限を有している者か、またはその取扱いについて一定の裁量権を有する者が規範意識を有していたことを要するとしています。

③の「労使双方の規範意識によって支えられていること」というのは、要するに、使用者も労働者も、その取扱いをルール（規範）にしているつもりでいた、ということを意味します。

もっとも、①から④の要件がそろっていたとしても、労働基準法に違反するような取扱い（たとえば労働基準法に規定する休憩時間よりも短い時間を休憩時間とする取扱い）は、労使慣行とは認められません。

5 労使慣行の果たす機能

上記の①から④をすべて満たす場合には労使慣行が成立していると認められ、労使慣行が就業規則に優先することになります。そして、就業規則ではなく、労使慣行に労働契約としての効力が認められることになります。冒頭の皆勤手当の例では、役職者には支給しないという取扱いが労使慣行として認められた場合には、その取扱いが無効になることはなく、たとえ役職者が支給を求めてきたとしても、それを拒絶することができることになります。

また、就業規則に矛盾したり、抵触したりはしないが、就業規則の規定内容が明確でないような場合に、それを補充するために労使慣行が機能することもあります。

さらには、使用者が労使慣行に違反した場合には、それは権利の濫用として無効となります。冒頭の休憩時間の例では、午後の休憩時間について労使慣行として認められれば、使用者は勝手にこの制度を廃止することができないことになり、使用者がこれを断行しようとした場合には権利の濫用として無効となるわけです。

6 労使慣行の例

　労使慣行として認められる取扱いは、賃金（賞与や退職金も含みます）、労働時間、休日、休憩、福利厚生、安全衛生など労働条件のさまざまな分野に及びます。実際に判例でも、基本給の額や手当に関する慣行、皆勤手当の支給対象者に関する慣行、賞与の支給日在職要件に関する慣行、退職金の支給に関する慣行、ストライキの際の手当支給に関する慣行、定年退職後の再雇用に関する慣行があります。

（市川　充）

Q30 就業規則による従業員の行為の制限

会社の利益および従業員の安全を守るために、以下のような就業規則の規定をもうけることは、可能でしょうか。
❶ 社員のSNSの利用を全面的に禁止する。
❷ 従業員の兼職を禁止する。
❸ 自家用車やバイクでの通勤を禁止する。

A 会社は従業員に対して職務専念義務の履行を求める手段として、就業規則に一定の行為の禁止規定をもうけることができますが、従業員の私的活動の自由を過度に制約するような規定は認められません。

1 従業員の職務専念義務とその限界

　会社と従業員との間の労働契約に基づき、従業員は会社に対して、その指揮命令に服し職務を誠実に遂行すべき義務、すなわち職務専念義務を負っています。したがって、従業員は、就業時間中は業務に集中し、他の私的活動を差し控えなければなりません。

　この職務専念義務は、就業規則等の明文の規定の有無にかかわらず従業員が当然のこととして負っているものですが、多くの会社の就業規則では、服務規律の箇所に「労働時間および職務上の注意力のすべてを職務遂行のために用い、会社の指揮命令のもと、職務のみに従事する義務」などとして具体的に規定しています。

　それでは、従業員が負う職務専念義務とはどの程度の義務なのでしょうか。言い換えると、会社は従業員に対してどの程度の職務専念義務の履行を要求することができるのでしょうか。

　この点については、過去において、裁判上、勤務時間中の反戦プレート着

用や、労働組合のバッジ着用等が職務専念義務に反しないかどうかという形で争われてきました。一般論としていえば、裁判所は労働者の職務専念義務を広く解釈する傾向があり、会社が従業員の服務規律違反行為を厳しく律することを否定するものではありません。

もっとも、いかに従業員が会社に対して職務専念義務を負っているとはいえ、会社が職務専念義務の名のもとに本来必要な範囲を超えて労働者の私的活動を制限することは許されるものではありません。就業規則や各種社内規定で、従業員の私的活動の自由を過度に制約するような規定を置くことはできませんし、仮にそのような規定をもうけたとしても、裁判になった場合は、当該規定は効力がないものと判断される可能性があります。

会社は従業員に対して具体的にどの程度の職務専念義務の履行を求めることができるのかについては、各々のケースに応じて個別具体的に検討するしかありません。以下、ご質問の場合について個別に検討します。

2 ご質問についての検討

1）社員のSNSの利用を全面的に禁止する（Qの❶）

従業員のSNSの利用について、就業時間中に関しては、業務利用の場合を除いて、これを禁止しているケースは珍しくありません。就業時間中のプライベートでのSNS利用は明らかに業務の誠実な遂行に反するので、禁止することに問題はありません。

それでは、休憩時間中を含む就業時間外の時間に関しても、SNSの利用を禁止することは可能でしょうか。最近、従業員による安易なSNSへの書き込みや投稿が会社の信用失墜につながるような事例が増えているので、会社としては従業員のSNS利用について制限を課したいと考えることもあるでしょう。しかし、就業時間外には、従業員は会社に対して職務専念義務を負っておらず、どのように時間を使って何をするかは従業員の自由です。したがって、就業時間外のSNS利用についてまで従業員に全面禁止を強制することは認めないと考えるべきです。

会社としては従業員のSNS利用に由来するトラブルを防止したいということであれば、たとえば、就業規則に「職場の内外を問わず、会社の名誉や信用を損なう行為をしないこと」といった一般規定、倫理規定をもうけたうえで、社内告知や社内セミナーを通じて、従業員にSNSのリスクを認識させて自覚を促すような施策を行うのがよいでしょう。

2）従業員の兼職を禁止する（Qの❷）

　労働者の兼職（二重就職）は、その程度や態様によっては、会社に対する労務提供の効率を下げたり、会社の業務遂行の妨げになるので、会社としては一定の制限をもうけたいと考えるのはもっともなことです。

　しかし、従業員は就業時間中のみ使用者の指揮命令のもとに労務に服する義務を負い、就業時間外は従業員の自由な時間であることから、就業規則で兼職を全面的に禁止することは認められません。

　それでは、兼職を許可制とすることはどうでしょうか。実際、就業規則で「許可なく他の会社等の業務に従事」することや、「会社の承認を得ないで在籍のまま他に就職」することを禁止したうえで、その違反を懲戒事由としている会社は少なくありません。この点について、裁判例は、就業規則の規定によって従業員の兼職を許可制とすること自体は許容されることを前提としながらも、労働者の私生活の自由に対する配慮の観点から、懲戒処分の対象となる兼職行為は会社の職場秩序を乱すものに限定されると解釈する傾向があります。

　たとえば、商品部長という要職にありながら会社と同種の小売店を経営したことを理由とする懲戒解雇が有効であるとされた裁判例（ナショナルシューズ事件・東京地判平成2年3月23日）、会社から給与を支給されて休業している間に自営業を営んだことを理由とする懲戒解雇が有効であるとされた裁判例（ジャムコ立川工場事件・東京地八王子支判平成17年3月16日）がある一方で、運送会社の運転手が年に数回の貨物運送のアルバイトをしたことを理由に懲戒解雇されたことを無効とした裁判例（十和田運輸事件・東京地判平成13年6月5日）があります。

したがって、就業規則で兼職を許可制とする規定、および許可なき兼職を懲戒事由とする規定を置くこと自体は有効であるものの、それに違反したからといって必ずしも懲戒解雇までが認められるとは限らないということに、注意が必要です。

3）自家用車やバイクでの通勤を禁止する（Qの❸）

　従業員が通勤中の事故で負傷した場合には会社が加入している労災保険から給付が行われますし、相手を負傷させた場合には、本人だけでなく会社も被害者に対して損害賠償責任（自動車損害賠償保障法3条に基づく運行供用者責任、民法715条に基づく使用者責任）を負う可能性もあるので、従業員の通勤手段は会社にとって重大な関心事です。

　そもそも公共交通機関が発達した都市部では自家用車やバイクでの通勤をしなければならない必要性は低く、また、都市部以外であっても、会社の業務形態、駐車スペース、その他の事情によって自家用車やバイクの利用が制限されうることは否定できないので、自家用車やバイクでの通勤を禁止することが従業員一般の自由を過度に制約するものとはいえません。さらに、仮に自家用車やバイクでの通勤を容認するとしても、会社の側では、保険の加入状況や車検証の確認等の手続きを行う必要があります。

　したがって、就業規則で原則として自家用車やバイクでの通勤を禁止したうえで、会社による個別の許可がある場合にのみこれが可能となる旨を規定することは、認められます。

（山口　智寛）

第5章

職場秩序

役員の問題行為

Q31 取締役の競業行為

当社の取締役が、競業他社への転職を見すえて、従業員の引抜きを図ったり、当社の営業秘密を漏らしたりしています。再三注意をしていますが、一向に聞き入れません。以下のように対応することは可能でしょうか。

❶ 当該取締役を解任する。
❷ 当該取締役に対して損害賠償請求をする。
❸ 在任中の未払報酬と退職慰労金を支払わないようにする。

A❶ 株主総会で出席株主の過半数の賛成を得れば取締役を解任することは可能です。

A❷ 当該取締役の違法行為によって会社に実際に損害が発生した場合には損害賠償請求は可能です。ただし、違法行為がなされたことや損害額の立証は会社の側がしなければならず、現実には立証が困難なこともあります。

A❸ 未払報酬がある場合には、会社から当該取締役に対して損害賠償請求ができる場合には相殺によって支払わないようにすることは可能です。退職慰労金はその支給には株主総会の決議が必要なので、決議がなければ支払わないことは可能です。

第 5 章
職場秩序

1 取締役の競業禁止

　取締役は、会社を犠牲にして自己または第三者の利益を図ってはなりません。したがって、会社の承認なくして取締役が在任中に会社の業務と競合するような取引を個人的に行ったり、他社を代表して行ったりしてはならないことになっています。これを競業避止義務といいます。

2 競業の準備行為と従業員の引抜き行為

　取締役の競業避止義務は、取締役の在任中に課される義務なので、取締役を退任してしまえば、会社との特別な合意がある場合等を除いて、競業避止義務は負いません。また、取締役在任中に競業の準備行為をしたとしても、それ自体は競業行為そのものにはならないので、競業避止義務違反とはなりません。

　しかし、取締役は、会社の利益と自己の利益が衝突した場合は、会社の利益を優先しなければならないという忠実義務を負っているので、取締役の在任中に競業の準備行為を行うことは忠実義務に違反する可能性があります。

　ご質問のケースでは従業員の引抜き行為がなされていますが、これが忠実義務違反にあたるでしょうか。従業員には転職の自由が保障されていますから、従業員の自由意思によって転職がなされたような場合は、取締役による引抜き行為がなされたとはいえないケースもあります。しかしながら、部下との従来からの関係を利用して勧誘するなど、取締役の勧誘行為が社会的相当性の範囲を超えているような場合は忠実義務違反になると解釈されます。また、取締役の勧誘行為の結果、会社の存続を左右するような甚大な影響を与えるような場合も、取締役の勧誘行為は忠実義務違反になると解釈されています。

3 営業秘密を漏らす行為

　営業秘密を漏らす行為は、取締役の忠実義務違反ないし善管注意義務違反

155

(善管注意義務とは、善良な管理者としての注意義務のことで、職務を行うにあたって注意を尽くすべき義務です）になります。ただ、営業秘密といってもさまざまなものがあり、そもそも少し調べれば誰でもわかるような情報は、営業秘密とはいえません。したがって、一般的に機密性の高いものを正当な理由なく漏らした場合に忠実義務違反ないし善管注意義務違反になると考えられます。

4 取締役の解任（Qの❶）

取締役を解任するには、株主総会の普通決議（出席株主の過半数の賛成）が必要です（ただし議決権の過半数の出席という定足数の要件を満たす必要があります）が、解任のための理由は必要ありません。理由なく解任ができます。ただし、解任のための正当な理由（たとえば法令や定款に違反した行為をしたこと）がない場合には、解任された取締役に対して損害賠償をしなければならないとされています。この場合の損害賠償とは、当該取締役の残任期分の取締役報酬相当額（解任されなければ受けることができた報酬）であることが多いでしょう。ご質問のケースでは、取締役が行った引抜き行為や秘密漏洩行為が忠実義務違反ないし善管注意義務違反と評価されるような場合は、解任に正当な理由があったといえ、会社に損害賠償義務はないことになります。

5 取締役への損害賠償請求（Qの❷）

取締役が忠実義務違反ないし善管注意義務違反となり、それによって会社に損害が生じた場合には、会社は当該取締役に対して損害賠償請求ができます。ご質問のケースでも、従業員の引抜き行為や秘密漏洩行為によって会社に損害が生じた場合には損害賠償請求を検討すべきです。しかし、実際に損害賠償請求をするのは困難なことが少なくありません。従業員の引抜き行為の場合、従業員が自分の意思で転職したと主張したら、違法な引抜き行為自体を立証するのが困難です。秘密漏洩行為の場合は、その事実自体の立証ができたとしても、それによって会社に生じた損害額がいくらであるのかを立

証することが困難であることが少なくないでしょう。相手方が任意に支払いに応じれば別ですが、裁判となると、立証責任は請求をする会社の側にあることになり、現実には簡単にいかないことが多いといえます。

6 未払報酬の支払い（Qの❸）

　前記のとおり、解任に正当な理由があれば、解任後の取締役報酬は支払う必要がなくなります。しかし、解任した時点で未払いの取締役報酬がある場合、解任したことによってこれが自動的に消滅することはありません。未払報酬は、確定した債務として存続することになります。会社がこの支払いを拒絶するには、債務を消滅させる必要があります。会社が当該取締役に対して何らかの債権、たとえば立替金などがあれば、これと相殺することにより、未払報酬の債務は消滅し、会社の支払義務もなくなります。同様に、前記 5 の取締役に対する損害賠償請求権が生じている場合にもこれと未払報酬債務を相殺して会社の支払義務をなくすことができます。

7 退職慰労金の支払い（Qの❸）

　取締役に対する退職慰労金は、報償という面もありますが、取締役としての職務の対価の後払いとしての面があるので、取締役の報酬と解され、退職慰労金を支給するためには株主総会の普通決議が必要になります。反対にいえば、株主総会の決議がなければ会社には退職慰労金の支払義務は生じないことになります。

　なお、当該取締役が従業員の身分を持ったまま取締役になった場合もありえます。取締役営業部長のように、取締役と従業員を兼務している場合です。従業員からキャリアアップして取締役になることはよくあることですが、取締役になる際に従業員の身分をそのまま残したか、それとも従業員の身分はいったん解消したのか（たとえば、取締役就任の際に従業員としての退職金を支給していれば、従業員の身分はなくなったことになります）により、結論が変わってきます。従業員兼務の取締役の場合は、従業員としての解雇の効果が

生じることとなり（解雇が有効であるか否かは別に検討が必要です）、社内に従業員退職金規程が存在する場合は、会社としては退職金を支払わなければならないことになります。

（市川　充）

第 5 章
職場秩序

Q32 取締役の問題行為

当社の取締役について、以下のような行為が問題となっています。会社としてどのように対応することが考えられますか。

❶ 特定の取引先を優遇する見返りとして金品を受領している。
❷ 違法薬物の使用が疑われる。

A 取締役の問題行為は、当該取締役個人の民事責任、刑事責任だけでなく、会社の信用低下や他の取締役の責任等の問題にまで発展する可能性があります。問題行為の内容、程度や裏づけの有無に応じて、取締役相互の監視義務、監査役・株主による違法行為差止請求、株主総会での取締役の解任、会社・株主による取締役に対する損害賠償請求、刑事的な対応等の手段によって、対応すべきです。

1 取締役と従業員の立場の違い

　法的に見ると、取締役と従業員では、会社との関係性のあり方がまったく違います。会社と従業員との間で結ばれているのは労働契約であり、従業員は会社の指揮命令に従うことが前提とされています。

　これに対して、会社法 330 条で「株式会社と役員（中略）との関係は、委任に関する規定に従う。」と規定されているとおり、会社と取締役との間に締結されているのは委任契約です。委任契約は、委任者（会社）は受任者（取締役就任者）の経験やノウハウに信頼を寄せて委任事務の処理を任せ、受任者は委任者の指揮命令を受けずに自らの裁量によって事務処理を行うことを本質としています。すなわち、会社は経営の専門家である取締役に会社の経営を依頼し、取締役はこれを受任して自らの裁量によって会社経営を行うということです。

　このような会社との委任契約に関して、民法 644 条は「受任者は、委任の

本旨に従い、善良な管理者の注意をもって、委任事務を処理する義務を負う。」と規定しています（これを善管注意義務といいます）。また、会社法355条は「取締役は、法令及び定款並びに株主総会の決議を遵守し、株式会社のため忠実にその職務を行わなければならない。」と規定しています（これを忠実義務といいます）。

このように、取締役は会社に対して善管注意義務、忠実義務を負っており、会社に対する忠誠心をもって誠実に職務にあたらなければならないとされています。この点は、従業員が会社に対してその指揮命令に従う義務を負っているのとまったく異なるものであり、取締役の問題行為に対する対応を検討するうえで非常に重要なポイントです。

たとえば、会社による従業員の解雇、すなわち労働契約の解除には厳格な規制が課されています（**Q49～52** 参照）が、これとはまったく異なり、取締役の解任、すなわち委任契約の解除は基本的に会社の自由です。会社法339条1項に「役員（中略）は、いつでも、株主総会の決議によって解任することができる。」とあるとおり、会社は株主総会の決議により、いつでも、かつ事由のいかんを問わず取締役を解任することができます（決議に必要な定足数等については後述します）。

2 取締役の負う法的責任

1）会社に対する責任

会社法423条1項は「取締役（中略）は、その任務を怠ったときは、株式会社に対し、これによって生じた損害を賠償する責任を負う。」と規定し、取締役の会社に対する損害賠償責任を定めています。取締役は会社に対して善管注意義務および忠実義務を負っているので、これに反して会社に損害を与えた場合には、会社に対して損害賠償をしなければならないということです。

「任務を怠ったとき」という表現は漠然としていますが、要するに、取締役として要求される誠実な職務執行や適正な判断を怠ったとき、あるいは、

法令、定款その他のルールに反したときのことを指します。会社の承認を得ないで競業行為や利益相反取引を行うこと（会社法356①、423②および③）などもその一つです。

2）第三者に対する責任

会社法429条1項は「役員等がその職務を行うについて悪意又は重大な過失があったときは、当該役員等は、これによって第三者に生じた損害を賠償する責任を負う。」と規定し、取締役の第三者に対する損害賠償責任を定めています。取締役は、会社との間の委任契約に基づき会社の経営を担っているので、悪質な任務怠慢によって会社以外の第三者に損害を与えた場合には、その者に対しても損害賠償責任を負うことになるのです。

たとえば、取締役の判断によって行った業務執行のせいで取引先企業に損失が生じた場合、取締役は当該取引先から損害賠償を請求される可能性があります。

3）刑事責任

取締役が刑法、会社法、その他の法律で規定されている犯罪を犯した場合には、刑事責任、すなわち刑事裁判を経て刑罰を受ける責任を負います。暴行や傷害などの一般的な犯罪はもちろん、取締役の地位を利用した犯罪として会社法やその他の法律に規定されている犯罪を犯した場合も、刑事責任を負うことになります。

なお、両罰規定といって、法人の代表者や使用人などが犯罪を行った場合に、その行為者に加えて法人も処罰するという規定が置かれていることがあります。たとえば、不正競争防止法18条1項、21条2項七号は外国の公務員に対する不正な利益供与（賄賂を渡すこと等）の罪を規定していますが、同法22条1項三号は上記の罪について行為者を罰するほか法人に対しても罰金刑を科することを定めています。

したがって、取締役の問題行為について刑事責任が問題となる場合には、会社自身も刑事罰の対象とならないかを確認しておくことが重要です。

3 取締役の問題行為に対する会社としての対応

1）取締役相互の監視義務

　取締役は、取締役会に上程された事項についてだけでなく、会社の業務執行全般について、他の取締役を監視、監督する義務があると理解されています（取締役の代表取締役に対する監視義務について・最判昭和48年5月22日）。

　したがって、取締役の問題行動が発覚した場合、当該取締役以外の取締役は、問題行動をやめさせたり、修正する措置を施したりして会社の業務執行が適正に行われるようにする必要があります。

　具体的には、会社内外の関係者や弁護士に相談する、取締役会を開催して問題行為への対応を検討する、当該取締役を適切にコントロールできる立場の者から当該取締役に忠告をしてもらう、取締役会の場で当該取締役を直接問いただす、問題行為をしているのが代表取締役である場合には、取締役会の決議により代表権を奪う、などの対応をとるべきでしょう。また、今後同様の問題が発生しないように、問題発生の原因を究明するとともに、再発防止策を講じることが重要です。

　取締役の問題行為が明らかであるにもかかわらず、他の取締役がこれを放置し、その結果、会社や第三者に損害が生じた場合、他の取締役は、監視監督義務を怠ったことを理由に、会社や第三者に対して損害賠償責任を負う可能性もあります。

2）監査役、株主による違法行為差止請求

　監査役は、取締役会への出席権を有しており、取締役の問題行為を見つけることができる地位にあります。そこで、会社法385条は「監査役は、取締役が監査役設置会社の目的の範囲外の行為その他法令若しくは定款に違反する行為をし、又はこれらの行為をするおそれがある場合において、当該行為によって当該監査役設置会社に著しい損害が生ずるおそれがあるときは、当該取締役に対し、当該行為をやめることを請求することができる。」として、監査役に対して取締役の違法行為の差止請求権を認めています。

また、会社法360条2項は、「株主は、取締役が株式会社の目的の範囲外の行為その他法令若しくは定款に違反する行為をし、又はこれらの行為をするおそれがある場合において、当該行為によって当該株式会社に著しい損害が生ずるおそれがあるときは、当該取締役に対し、当該行為をやめることを請求することができる。」としています（上場会社の場合は、この請求ができるのは6か月前から引き続き株式を有する株主に限定されます〔会社法360①〕）。

これらの規定に基づき、監査役や株主が取締役に対して直接違法行為の差止請求を行うことも、取締役の問題行為に対する対応の一つの手段といえます。

3）株主総会における取締役の解任

先述のとおり、会社法339条1項に基づき、会社は株主総会の決議により、いつでも、かつ理由のいかんを問わず取締役を解任することができます。したがって、取締役の問題行動に対する措置として、株主総会決議によって当該取締役を解任するという対処が考えられます。

なお、解任決議の要件について、会社法341条は、取締役の選任および解任について株主総会の普通決議を標準要件としつつ、定款で決議要件を加重することができるとしています。すなわち、定款等に特段の記載がない限りは、株主総会の普通決議により取締役を解任することができます。

4）会社、株主による取締役に対する損害賠償請求

事後対応の手段ではありますが、取締役の問題行為のせいで会社や株主に損害が生じた場合には、先述のとおり、会社や株主から取締役に対して損害賠償請求をすることができます。

5）刑事的な対応

取締役の行為が何らかの犯罪を構成する場合や、犯罪に関連している可能性がある場合は、刑事手続きを見据えた対応も必要です。警察に相談したり、場合によっては告訴や告発をしたりする必要もあるでしょう。

犯罪行為の被害者がいる場合、会社としては犯罪を犯した取締役本人と被害者との間で早期に示談を成立してもらいたいと希望するのであれば、会社

から取締役に対して、示談交渉を依頼できる弁護士を紹介することを検討してもよいでしょう。ただし、具体的な事案の内容によっては、会社と取締役の間で利害相反が生じており（またはその可能性があり）、会社が取締役に対して弁護士を紹介することが適切でない場合もあるので、その点を含めて、弁護士に対応を相談することをお勧めします。

4 ご質問のケースへの対応

1）特定の取引先を優遇する見返りとして金品を受領している場合（Qの❶）

　会社の取締役が、取引先から接待を受けたり謝礼を受領したりすることは、日常的に行われていることであり、会社側としては、これらの行為を把握したとしても黙認しているのが実情でしょう。実際、日常の儀礼の範囲にとどまっている限りは、取引先から接待を受けたり謝礼を受領したりする行為がただちに犯罪となったり、会社や第三者との関係で問題視されることはありません。

　しかし、これらの行為が取締役としての業務執行における不正行為と関連して行われた場合には、犯罪が成立する可能性があります。

　会社法967条1項は、会社の取締役が「その職務に関し、不正の請託を受けて、財産上の利益を収受し、又はその要求若しくは約束をしたときは、五年以下の懲役又は五百万円以下の罰金に処する。」として、取締役の収賄罪を規定しています。「不正の請託」とは、取締役の職務に関して、違法な行為をすること、または当然なすべきことをしないように依頼することをいいます。要するに、取締役が、その職務に関して不正を働くことを特に依頼されたうえで賄賂を受け取った場合は、収賄罪が成立するということです。

　もし当該取締役が収賄罪で逮捕、起訴されれば、会社の業務に支障が出るばかりか、マスコミ報道によって会社のスキャンダルとして一般に周知されることで企業としての信用を大きく失う可能性があります。

　したがって、金品の受領が収賄罪に該当する可能性があると思われる場合には、ただちに当該取締役に将来にわたる収賄行為をやめさせたうえで、そ

の後の対応について弁護士に相談するべきです。取締役の収賄行為は、職務上の地位を悪用して私腹を肥やすという、会社に対する裏切り行為なので、そのような行為を行う人物が取締役に適していないことはいうまでもなく、基本的には取締役辞任を促すなどして、会社から退場させるのが筋です。会社からの指摘や注意にもかかわらず当該取締役が事実を認めず、あるいは収賄行為をやめない場合には、株主総会による解任、刑事告訴などの強行手段を検討せざるをえないでしょう。

2）違法薬物の使用が疑われる場合（Qの❷）

　違法薬物の使用についての刑事責任の内容は、薬物の種類により異なりますが、たとえば、覚せい剤の自己使用については、10年以下の懲役という重い刑罰が規定されています（覚せい剤取締法41の3①一）。もし本当に取締役が違法薬物を常用しているのであれば、その使用行為が職場内で行われたか職場外で行われたかを問わず、あるいは、薬物の影響下で業務執行していたか否かを問わず、そのような行為をする人物が取締役にふさわしくないことはいうまでもありません。さらに、もし会社の経営を担う立場にある取締役が薬物犯罪で逮捕、起訴され、そのことがマスコミによって報道されれば、会社は大きく信用を失い、会社の存続自体が危険にさらされる可能性があります。

　しかし、違法薬物の使用については、その犯罪の性質上密行性が高く、本人を問いただしても犯罪の事実を肯定することは期待できないので、噂の流布や本人の怪しい言動等があったとしても、その真偽のほどを確認することは容易ではありません。

　市販の検査キットを使って薬物検査を行うことも考えられますが、このような行為は対象者の人格権やプライバシーを傷つける可能性があるので、慎重な配慮が必要です。厚生労働省の「労働者の個人情報保護に関する行動指針」（平成12年2月）では、「使用者は、労働者に対するアルコール検査及び薬物検査については、原則として、特別な職業上の必要性があって、本人の明確な同意を得て行う場合を除き、行ってはならない。」とされていること、

薬物検査の対象者が労働者であろうと取締役であろうと求められる配慮は変わらないと思われることからすると、少なくとも、①特別な職業上の必要性と、②本人の明確な同意がない限りは、薬物検査を実施することは困難であると考えるべきでしょう。

このように、違法薬物の使用については、事実関係を把握すること自体が非常に困難であるといわざるをえませんが、一方で、違法薬物の使用が疑われること自体が、取締役としての適格性に対する疑義を生じさせる事情であることも間違いないでしょう。

そこで、違法薬物使用の疑いが払拭できるまで継続的に情報収集と観察を続けるとともに、当該取締役を適切にコントロールできる立場の者から当該取締役に忠告してもらうなどの対応をとるとよいでしょう。その後の経緯から、かえって違法薬物の使用の疑いが強まったという場合には、警察に相談したり、取締役に辞任を促したりすることを検討せざるをえないでしょう。

（山口　智寛）

社員の問題行為

Q33 PCからの情報漏洩

当社の営業秘密が外部に漏洩していることが判明しました。ITセキュリティの専門企業に依頼して調査したところ、外部からの不正アクセスの痕跡は発見されず、会社内部の従業員が漏洩に関与していることはほぼ間違いありません。そこで、その犯人を特定し、被害の拡大を防止する措置をとるために、以下のような調査を行うことは可能でしょうか。

❶ 従業員全員の業務用のメールアカウントの送受信履歴を確認する。

❷ 漏洩した営業秘密にアクセス可能だった一部の従業員に対して、私物のPCと携帯電話の提出を求め、メモリー内の情報を確認する。

A 従業員全員の業務用のメールアカウントの送受信履歴を調査することは原則として可能です。これに対し、一部の従業員に対して、私物のPCと携帯電話の提出を求め、メモリー内の情報を確認することは、プライバシーとの関係で一定の場合にのみ許されます。また、いずれの場合にも、就業規則等に調査に関する根拠規定をもうけておく必要があります。

1 調査とプライバシー

会社は、職場の安全管理をはじめとし、製品・サービスの品質保持や営業上の秘密情報を含む会社の財産の保全等、さまざまな理由から従業員を監視・監督・調査することができます。その根拠は、会社の労務指揮権や施設管理権に求めることができるでしょう。しかし、調査等の対象に従業員の私的な

領域が存在していることも多く、そこに立ち入ることは従業員のプライバシー（人格権）侵害になる場合があるので、そうならないように慎重な配慮が要求されます。ご質問のケースは、いずれも、このような視点に立って検討することが重要です。

2 メール送受信歴の調査（Qの❶）

Qの❶のように、会社が従業員全員の業務用のメールアカウントの送受信履歴を調査することは、原則として可能でしょう。通常そのメールアカウントは、会社が取得したうえで正当な業務にのみ使用するように限定して従業員に貸与していると考えられるので、このメールアカウント内の情報には、原則として従業員の保護されるべきプライバシーが入り込む余地はないからです。

もっとも、会社によっては、業務用のメールアカウントを私的な連絡に用いることが黙認されている場合も少なくないと思われます。そして、メールアカウントの送受信履歴の調査は、従業員に対して秘密裡に、あるいは不意打ち的に行うことが多いと思われるので、調査の過程で意図せず従業員のプライバシーを侵す結果になる危険性もないとはいえません。

このような観点から、就業規則その他の会社規程に、業務用のメールアカウントを私用に用いることを禁止する旨の規定と、会社が予告なく業務用のメールアカウントの送受信履歴等を調査することがある旨の規定をもうけ、これを周知しておくことが必要でしょう。

3 従業員に私物の提出を求めることが許される場合（Qの❷）

Qの❷のように、従業員の私物を調査の対象とする場合は、前提として、従業員にその私物を提出させなければなりません。そもそも、従業員は会社の求めに応じて、私物を提出する義務があるのでしょうか。これは、従業員に調査協力義務が発生するのはどのような場合かという問題と、見ることができます。

この点に関連して、職場の規律義務違反（営業秘密の漏洩もこれにあたると考えられます）の調査に関する事案において、判例は「調査対象である違反行為の性質、内容、当該労働者の右違反行為見聞の機会と職務執行との関連性、より適切な調査方法の有無等諸般の事情から総合的に判断して、右調査に協力することが労務提供義務を履行する上で必要かつ合理的であると認められ」る場合に限って、従業員は調査協力義務を負うとしています（富士重工事件・最判昭和52年12月13日）。

　ご質問のケースでは、現に営業秘密を外部に漏らした従業員がいることがほぼ間違いないということなので、社内でその秘密情報にアクセスできる立場の従業員には、会社の調査に協力するため、私用のPCや携帯電話を提出する義務があると解釈する余地があります。

　ただし、PCや携帯電話の提出を受けたとしても、そのメモリーに保存されている情報にアクセスして内容を閲覧する調査を行わなければ意味がありません。この作業は、いわゆる所持品検査に類似するものと考えられるので、次に述べるとおり、いっそう厳格な要件をクリアする必要があるでしょう。

4 所持品検査が許される場合

　判例によると、会社が従業員の所持品を検査することが認められるのは、次に述べる4要件がそろっている場合であるとされています（西日本鉄道事件・最判昭和43年8月2日）。それは、①検査を必要とする合理的な理由が存在すること、②検査方法と程度が妥当であること、③制度として職場従業員に対する画一的な実施がなされていること、④就業規則その他明示の根拠が存在していること、の4つです。

　したがって、ご質問の場合にも、就業規則等に所持品検査に関する明文の根拠規定がもうけられていれば、従業員から提出を受けたPCや携帯電話のメモリー内容を確認することが可能になる場合があると考えられます。なお、就業規則等の条文としては、現代に即してPCや携帯電話のメモリーの確認等も可能であることを明記しておくことが望ましいでしょう。

その他の要件に関する具体的な運用は、ケースバイケースで判断せざるをえませんが、ここでは、最も誤解が多く、現実的判断も難しいと思われる点について述べることとします。

5 検査を必要とする合理的な理由（情報の秘密管理性）

ご質問によれば、検査を必要とする理由は、会社の営業秘密が従業員によって漏洩された疑いがあることから、犯人を突きとめて被害の回復または拡大防止を図る点にあるものと思われます。この理由自体は一応合理的なものだといえましょう。ただ、この合理性判断の前提として、漏洩された営業秘密に対し、それが客観的に見て保護に値する秘密に該当するかどうかという光をあててチェックしてみることが重要です。

この点で参考になるのは不正競争防止法2条6項です。同条項によれば、「営業秘密」とは「秘密として管理されている生産方法、販売方法その他の事業活動に有用な技術上又は営業上の情報であって、公然と知られていないものをいう。」と定義されています。つまり、営業秘密として法的な保護を受けるには、会社がその情報を現実に秘密として管理していたものでなければならないとされているのです。したがって、誰でもアクセスできるようなルーズな管理しかされていなかった情報が漏洩したにすぎないような場合には、所持品検査を必要とする合理的な理由を欠くことになりかねませんので、注意が必要でしょう。

（松田　浩明）

Q34 PC、インターネットに関する問題

以下のような従業員に対して、会社としてどのような対処をすることが考えられるでしょうか。

❶ 業務時間中に業務用のPCを使って株取引やインターネット・ゲームをしている者。

❷ フェイスブックやツイッター等のSNS上で、会社や上司・同僚の実名を挙げて誹謗中傷している者。

A❶ 業務時間中に会社の備品であるPC端末を使って私的な株取引やインターネット・ゲームに興じる行為は、懲戒処分の対象となりえます。

A❷ SNS上で勤務先の会社や上司・同僚のことを誹謗中傷する行為は、それを行っている時間・場所・内容等を慎重に特定しましょう。そのうえで、刑事告訴、民事上の損害賠償請求、懲戒処分の可能性を検討し、最も適切な対処（併用も可能です）を選択することになるでしょう。

1 業務時間中の株取引やネットゲーム（Qの❶）

個人として株式の取引を行うこと自体は、経済的活動の自由の一環として尊重されるものです。したがって、会社の業種が証券会社であるなど、コンプライアンスの観点から一定の制限をすることに合理性が認められる場合でない限り、これを一般的に制限することは困難です。また、インターネット・ゲームを楽しむことも、個人の幸福追求の一環として尊重されるべきでしょう。

しかし、株取引にせよインターネット・ゲームにせよ、業務時間中に会社の備品であるPC端末を使用して行うことは許されません。したがって、こ

のような事実が発見された場合には、会社にPCやメール、インターネットの利用に関する規定が存在すれば当該規定によって、または就業規則の「職務専念義務違反」等の規定に基づいて、懲戒処分の対象とすることが可能でしょう。処分の軽重は、違反の程度（使用時間、使用内容、業務への悪影響の度合い等）に応じて、譴責処分等の軽いものから、場合によっては懲戒解雇を検討すべきケースもありうると思われます。

　もっとも、判例を概観すると、インターネットの私的利用のケースでの解雇の有効性について、裁判所は会社側に対して厳しい判断をする傾向があるので注意が必要です。参考までに裁判に現れた例を一つ挙げると、専門学校の教員が業務用PCを使用して出会い系サイトに1500回以上の私的メールを送信したという事案で、地方裁判所は解雇を無効、高等裁判所は解雇を有効と判断しています（K工業技術専門学校事件・福岡高判平成17年9月14日）。

　なお、懲戒処分に及ぶ場合は、先に述べたインターネット管理規程のような根拠の整備と、業務時間内のPCのインターネットアクセス・ログを保全しておくなど、会社として必要な証拠の確保をしておくことが必須でしょう。

2 SNS上での会社や上司・同僚への誹謗中傷（Qの❷）

　ソーシャル・ネットワーク・システム（SNS）への投稿は、実名で行われているか否か、投稿の公開範囲がどのように設定されているかなど、さまざまなケースがあります。実名での投稿のように見えても、いわゆるなりすまし等の場合もありますし、ごく限られた範囲のグループでしか閲覧できない投稿もあるので、会社としての対応を検討するにあたっては、まず、投稿を行っている者の特定や投稿の公開範囲をきちんと確認することが重要です。ここでは、問題となる投稿が特定の従業員であることが判明しており、投稿の公開範囲がオープン（誰でも閲覧できる）であることを前提として、会社がその従業員に対してとりうる対処方法を検討します。

3 対処の方向性3態

　会社がこの従業員に対してとりうる対処方法としては、3つの方向性が考えられます。すなわち、刑事責任を追及する方向、民事上の損害賠償請求を行う方向、労働法上の措置である懲戒処分を行う方向です。

　刑事責任の追及としては、名誉毀損罪（刑法230①）、侮辱罪（刑法231）または信用毀損罪・偽計業務妨害罪（刑法233）で、警察に対して刑事告訴をすることが考えられます。いずれの場合も、SNSに投稿された内容が、上司や同僚個人に対する誹謗中傷の域を超え、所属先である会社自体の名誉や信用を傷つけるものと認定できるかどうかがポイントになります。

　侮辱罪は誹謗中傷の内容として具体的な事実を述べていなくても成立しますし、名誉毀損罪は具体的な事実が真実であっても原則的には成立するとされています（これに対し、信用毀損罪・偽計業務妨害罪は「虚偽の風説を流布」することが要件とされています）。しかし、上記のように個人に対する誹謗中傷という行為と会社の名誉・信用の毀損とを結びつけるには、最低限、上司や同僚がそれぞれ特定の会社に勤務していることが明記され、会社の業務に関連する行動についての不正や破廉恥な事項等が具体的に記載されているような投稿でなくてはならないでしょう。ただし、刑事告訴という手段を用いて会社が従業員の責任を追及するという手法は、それ自体会社の評判を落とす危険性を多分にはらんでいるので、これを採用するかどうかは慎重にならざるをえない場合が多いでしょう。

　次に、民事上の責任追及です。名誉や信用は民法上でも保護の対象になっているので（民法710参照）、会社は被害者として、書き込みを行った従業員に対して損害賠償請求を求める余地があります（民法709）。また、これとあわせて名誉を回復する措置、たとえば書き込みをただちに削除するとともに、これが事実と異なる投稿だったことを公開する措置等をとるように求めることも可能です（民法723）。

　ただし、損害賠償請求にあたっては、会社の具体的な業務遂行に障害が生

じたように思われる場合でも、投稿との因果関係や具体的な損害額の立証が困難であることが多い傾向にあるので、最終的に裁判に訴えるとしても、リーガルコスト（訴訟費用）や解決に至るまでの時間を十分に考慮することが、重要になってくるでしょう。

4 懲戒処分

　そのようなわけで、会社としては、この従業員に対する懲戒処分を検討することが現実的でしょう。上司や同僚を誹謗中傷する書き込みが、業務時間中に会社のPCを使用して行われている場合には、❶で述べたような考え方に従って懲戒処分を行うことが可能です。

　問題となるのは、業務時間外、たとえば休日に自宅のPCやスマートフォンなどから、上司や同僚について個人的な悪口を書き込んでいるような場合です。このような場合、個人に対する誹謗中傷の内容が単なる個人攻撃にとどまっていると評価できる限り、処分の対象とすることは困難でしょう。なぜならば、懲戒処分は、あくまでも企業の秩序を乱したことに対する制裁なので、純粋に私生活上の非行を対象とすることはできないからです。

　そこでこのような場合にも、すでに述べた刑事・民事の各責任追及と同様、問題となる投稿の内容を詳細に検討し、誹謗中傷の文脈のなかに会社が行っている具体的な業務に関連した事実が公表されているか、これによって業務の遂行に具体的な障害が発生するおそれがあるかなどの事情を、まず検討することが必須です。そして、懲戒処分の場合には、これらに加えて、投稿のなかに会社として保護されるべき秘密情報が公開されていないかという点も検証して、多面的な検討を行うべきです。

　そのうえで、就業規則上の懲戒事由の規定と対照して、「会社の信用・名誉を害してはならない」というような一般的な規定だけでなく、秘密保持義務違反の規定を活用することも視野に入れて吟味をすべきだといえます。

（松田　浩明）

Q35 売上金や経費の着服・備品の無断持ち出し

当社では、従業員の以下のような横領、濫用行為が常態化しています。どのような対処が考えられるでしょうか。

❶ 営業担当の従業員が回収した売上金を着服する。
❷ 私的な飲食代金を接待費と偽って申請し着服する。
❸ 業務用の備品を持ち帰って私物にする。

❶〜❸のいずれも、まずこれらの行為が重大な違法行為であり、会社として厳正な対処をする旨を社内に周知徹底することが重要です。

そして、それでもなお、同様の行為が繰り返された場合、その程度によって当該従業員に懲戒処分を科したうえで、着服した金銭や備品の返還・弁償をさせるなどの処理が必要です。悪質な場合は、刑事告訴も視野に入れるべきでしょう。

1 従業員の違法行為について

営業担当の社員は、職務上、顧客から回収した売上金を一時的に預かる機会が多く（Qの❶）、また接待費の支出についてある程度会社から裁量を与えられているため（Qの❷）、そのような地位を利用した金銭の着服行為がたびたび問題となります。

また、備品の私物化については、従業員による筆記用具やコピー用紙等の文具の無断持ち出しが代表例でしょう（Qの❸）。なかには、会社から持ち出した備品や商品をネットオークションで転売する、といった悪質なケースも見受けられます。

これらの行為は、民事上の不法行為となることはもちろん、刑法上も業務上横領（刑法253）、詐欺（刑法246）、窃盗（刑法235）等に該当する重大な

違法行為です。したがって、会社としては、従業員によるこれらの違法行為を未然に防ぐための態勢を整えるとともに、現実に違法行為が発覚した場合は、厳然たる措置を講じなければなりません。

2 売上金・接待費の着服行為への対処について（Qの❶❷）

1）不正をしにくい環境を作り上げること

　従業員が、売上金・接待費の着服等の不正行為を働く背景として、その社内システム自体に問題がある（＝不正をしやすい環境にある）ことが少なからずあります。

　たとえば、１人の従業員に経理・財務の権限が集中している場合や、営業担当者に経費支出に関する広い裁量が与えられ、第三者によるチェックの制度も整えられていないような場合は、着服行為が行われやすくなります。

　したがって、これらの不正行為を防止するためには、売上金の回収・管理や経費の支出について、できる限り権限を分散させた具体的ルールを定めることが必要になります。

　たとえば、①売上の計上や売掛金の管理等を、営業担当者とは別の管理部門が担当することで職務を分離させる、②各営業担当者の顧客情報について定期的にミーティングを開き、売掛金等の現状を共有する、③顧客からの支払いは極力振り込みによることとし、現金回収を避ける、④取引先から売掛金の残高確認書等を受領して残高確認を行うようにするなど、会社の実情に応じてさまざまな方策が考えられます。

　このような、着服行為等をできる限り防止するための社内システムを構築することで、不正は絶対に許さないという会社の姿勢を明確に示し、従業員のコンプライアンス意識を高めることが重要です。

2）着服行為を行った従業員に対する処分

　前述のように、着服行為はそれ自体重大な犯罪行為ですから、無断遅刻・欠勤・早退その他の勤務態度上の問題などと比べ、会社としてはより厳しい態度をもって対処する必要があります。そして、具体的な処分の内容につい

ては、①労使関係（懲戒処分）、②民事関係（損害賠償請求）、③刑事関係（被害届・告訴等）の３面から検討する必要があります。

a) 懲戒処分

多くの場合、会社の就業規則では「金銭の横領その他刑法に触れる行為をしたとき」という類いの懲戒事由が定められていると思うので、着服行為を行った従業員については、当然懲戒処分を検討すべきこととなります（懲戒処分の種類や手続き、その他一般的な留意点については、**Q25**「懲戒処分の種類、手続き」を参照してください）。

問題は懲戒処分の程度です。刑法上の犯罪行為とはいえ、事案が軽微な場合（被害金額が少額で、かつ、常習的に行われたものではない場合）については、いきなり懲戒解雇等の重い処分を下すのはのちのち懲戒権濫用の問題が生じるおそれがあります。具体的な事情や本人の反省の態度、被害弁償の状況等を踏まえて、減給・出勤停止等の処分にするか、場合によっては訓告・戒告のみにとどめて本人の再起を促すなどとすることも選択肢になるでしょう。他方、被害額が巨額に上ったり、長期間反復継続して行われているなど事案が極めて重大な場合は、基本的には懲戒解雇が相当といえるでしょう（その場合も、事実関係の調査を慎重に行うこと、本人に弁明の機会を与えることなどに注意する必要があります）。

b) 損害賠償請求

従業員が着服した金銭は、もともと会社のお金ですから、当然、会社は当該従業員に損害賠償（被害弁償）の請求をすることができます。会社としては、懲戒処分の検討とあわせて、当該従業員に着服金額の全額をただちに返済するよう求め、これに応じない場合は民事訴訟を提起することも検討するべきでしょう。

もっとも、着服行為に及ぶような従業員は、十分な資力を有していない場合がほとんどで、実際上は被害額全額を一括で払えることはまずないと思われます。会社としては、行為の悪質さや本人の反省の態度なども考慮したうえで、場合によっては返済額の一部カットや分割払いなどに多少柔軟に応じ

ることも選択肢の一つです。

　なお、当該従業員に身元引受人がいる場合、本人が会社に与えた損害の賠償を身元引受人に請求することができます。ただし、必ずしも被害全額の請求ができるわけではなく、使用者の監督上の過失の有無その他の事情を斟酌したうえで相当と認められる金額に限定される点に注意が必要です（福岡高判平成18年11月9日）。

c) 被害届の提出・告訴

　事案があまりにも悪質で会社の受けた被害の大きさが看過できないような場合、重大な犯罪行為を許容しないという会社の姿勢を示すためにも、被害届の提出や刑事告訴という選択肢をとらざるをえない場合もあるでしょう。

　もっとも、刑事事件にするということは、捜査機関による事情聴取等により、当該従業員のみならず会社全体を巻き込む可能性があることに注意すべきです。たとえば、本人が自らの行為を素直に認めて反省の意を示し、今後できる限りの被害弁償を尽くす旨誓約した場合、その誓約が守られているうちは刑事事件にしない、という扱いも実務上よく行われています。

3 備品の私物化への対処について（Qの❸）

1）備品管理の徹底

　まずは、備品管理についてのルールを明確にし、持ち出しをしにくい環境を整えることが重要です。たとえば、①持ち出されやすい類いの備品（文具等）を他の従業員の目に触れやすい場所に設置すること、②高価な備品を使用する場合には、文書による申請を義務づけること、③定期的な在庫確認を行うこととし、その旨を従業員に告知すること、などが考えられます。

2）従業員への告知

　備品の持ち出し行為がすでに常態化しているような場合、全従業員に対して、こうした行為が民事・刑事両面で重大な違法行為であること、今後同様のことが行われた場合はこれまで以上に厳格な対応をとることを、正式文書で通知するか、朝礼などの改まった場で口頭で告知する必要があります。

3）持ち出し行為を行った従業員に対する処分

　これらの方策を実施したにもかかわらず、依然として備品の持ち出しが横行するような場合は、事実関係を調査したうえで、就業規則等の定めに従った懲戒処分を検討することになります。特に、持ち出した備品を転売していたなどの悪質なケースでは、刑事告訴も辞さない姿勢が必要となるでしょう。

　また、持ち出された備品については、残存していれば当然会社に返還させ、すでに消費、転売等されて存在しない場合は、事実関係を精査のうえ、しかるべき損害賠償を請求するべきです。

　備品の持ち出しは、やっている本人には違法行為をしているという認識もないまま常習的に行われるケースが少なくないので、会社としては、些細な物品でも、その私物化には厳しく対処する姿勢を従業員に見せておくことが重要といえます。

（櫻庭　知宏／菅　弘一）

Q36 私生活上のトラブルで業務運営に支障

当社は、従業員の私生活上のトラブルが原因で、業務運営に支障が出ています。以下のような事情がある場合、それぞれ会社としてどのような対応が考えられるでしょうか。
❶ 従業員のSNS上の書き込みが原因で会社にクレームが殺到した。
❷ 従業員の元交際相手の女性がストーカー化して執拗に会社に連絡をしてきた。

A 従業員の私生活上のトラブルが拡大して会社にも被害が及び、業務運営に支障が出るような場合、会社としては、当該従業員に対する懲戒処分に加えて、被害を最小限に食いとめるための民事、刑事面における各種対応、被害回復の措置、再発防止策の実施等に努める必要があります。

1 従業員の私生活上のトラブルへの対応

　従業員の会社の業務外の行動は、私生活上の行為として本来的に本人の自由に委ねられるべきものであり、本来は会社の業務運営とは無関係であるはずです。しかし、従業員の私生活上のトラブルが拡大して会社にも被害が及び、業務運営に支障が出るような場合、会社としては、まず、被害を最小限に食いとめるための措置や被害回復の措置を行い、さらに再発防止に努める必要があります。その過程で、会社として、当該従業員に対してトラブルを生んでいる私生活上の行為をやめさせたり、私生活上の行為に関する詳細な情報提供を求めたりするのは、やむをえないことといえます。
　また、いかに従業員の会社の業務外の行動について会社は関与しないのが原則とはいえ、従業員の私生活上の非行が会社の業務に支障をきたすおそれがある場合には、会社は、職場の秩序維持・回復を目的として、当該従業員

に対して懲戒権を行使することができると解釈されています（関西電力事件・最判昭和58年9月8日等）。通常、会社の就業規則には「会社の名誉や信用を行う行為をしないこと」、「その他労働者としてふさわしくない行為をしないこと」などの従業員の遵守事項がもうけてありますが、さらに、これに反した場合には懲戒処分の対象となる旨の規定が置かれているのが一般的です。ただし、就業規則における懲戒事由の文言に形式的に該当するからといって安易に懲戒処分を行うことはできず、種々の要素を勘案して、適切な種類および程度の懲戒処分を選択しなければなりません（**Q27**参照）。

従業員の懲戒については**Q25～27**で詳しく説明しているので、ここでは主に従業員が招いたトラブルそのものに対する対応策について取り上げます。

2　従業員のSNS上の書き込みが原因で会社にクレームが殺到した場合（Qの❶）

1）SNS炎上についての前提知識

最近、従業員がSNSに不適切な書き込みや投稿をしたことによって、投稿した本人だけでなく、その勤務先の会社までもが世間の批判にさらされる事例が増えています。このような場合、会社は、信用毀損やイメージダウン等に加えて、取引相手から契約を打ち切られたり商品やサービスの売行きが低下したりして現実に経済損失をこうむる可能性もあります。さらに、事案によっては、従業員の行為について会社が損害賠償責任（使用者責任）を負う可能性もあります。

このようなSNS炎上事例は、どこの会社でもつねに突然発生しうるものです。

2）調査と対応

SNSの書き込みは、嫌がらせや悪ふざけでなされた「なりすまし」や「虚偽」であるものも少なくありません。したがって、SNS炎上に巻き込まれた場合は、早急に事実関係を正確に把握することが重要です。炎上のもとに

なった従業員の書き込みがどのようなものなのか、そこに書かれている内容、発言、行為等は真実なのか、真実なのだとすれば、いつ、どこで、誰が、何をしたのかといったことについて、できる限り詳細な情報を集めるようにしてください。情報収集の手段としては、問題となった書き込みそのものを調査することはもちろん、当該書き込みをした従業員や関連する第三者からの聞き取りも必要です。

　調査の結果、書き込みがなりすまし等ではなく、また、その記載内容からして会社として社会的、法的責任を全うする必要があると判断される場合は、調査結果を公開したうえで謝罪やプレスリリース等の対応を行う必要があります。一方、書き込みがなりすましだった場合には、やはり調査結果を公開したうえで、SNSの運営主体に対して削除依頼をすべきでしょう。

　こういった対応は、一般論としていえば、早ければ早いほどいいわけですが、その一方で、拙速に対応してかえって会社の評判を低下させてしまう危険もあるので、場当たり的に判断するのは危険です。また、具体的にどのような措置が必要とされるのかは事案によって異なるので、具体的かつ正確な情報をもとに法律的な判断に基づいて臨機応変に対応することが要求されます。弁護士と相談しながら対応方針やタイミングを決めていくことをお勧めします。

3）再発防止策

　SNS炎上問題が発生したのには、何かしら原因があるはずです。そこで、会社としては、当該事例への対応とあわせて、炎上に至った原因を克服するとともに再発の防止策に努めるようにしましょう。

　SNSが私たちの生活に広く深く浸透していることからすると、今回の炎上問題についての消火活動に成功すればそれでよいということではなく、今後も同じ問題が起こりうる可能性があるという前提に立ち、会社全体として再発防止に取り組む必要があるといえます。

　まず、役員、従業員を問わず会社で今回のSNS炎上事例の経緯と結果を共有し、SNSの炎上が会社に甚大な被害をもたらすものだということと、

いつなんどき再発してもおかしくないものだということの認識を共有しましょう。SNSの利用について就業規則や社内規程を整備し、その周知徹底を図ることも必要です。また、一度きりの注意喚起で終わらせずに、定期的に社内研修を行って意識づけを図ることも重要です。

3 従業員の元交際相手の女性がストーカー化して執拗に会社に連絡をしてきた場合（Qの❷）

1）ストーカーについての前提知識

　ストーカー事件は、男女の間の恋愛感情や恋愛関係のもつれがエスカレートした末のものであることから、第三者がその被害を認知することが容易でなく、従来は警察も「民事不介入」の原則に基づき積極的な介入に踏み切ることには消極的でした。しかし、悪質なストーカー事件が続発したことを背景として、平成12年に「ストーカー行為等の規制に関する法律」（通称ストーカー規制法）が施行され、同法に基づく警察の対応が可能となりました。

　従業員に対する行為の矛先が従業員の勤務する会社に向けられた場合も、このストーカー規制法に基づいて刑事的な対応をとることが基本となります。また、当該加害者によって会社の業務が妨害された場合には、当人に対して損害賠償請求等の民事的な対応をとる必要があります。

2）刑事的な対応

a) ストーカー規制法

　ストーカー規制法とは、悪質なつきまとい等のストーカー行為を規制するとともに、ストーカー行為等の被害者の援助について定めた法律です。

　最近、音楽活動をしていた女性のファンの男がSNSに執拗な書き込みをしたうえで、本人を刃物で刺すという事件が発生したことをきっかけに、平成28年の法改正（平成29年1月3日から一部施行、6月14日から全面施行）により、規制対象行為がSNSなど電気通信を使った行為にまで拡大し、罰則も厳格化されました。

　ストーカー規制法による規制対象行為および規制内容は以下のとおりで

す。会社としては、ストーカーの被害対象となっている従業員を伴って、所轄の警察に相談に行くようにしてください。

1 つきまとい等行為に対する規制

◆規制対象行為：つきまとい等

特定の人に対する恋愛感情その他の好意の感情や、それが満たされなかったことに対する恨みの感情を充足する目的で、特定の人や、その人の配偶者、直系もしくは同居の親族その他、その人と社会生活で密接な関係を持つ人を対象に、以下のいずれかの行為をすること。

① つきまとい、待ち伏せし、進路に立ちふさがり、住居、勤務先、学校その他、その人またはその人の関係者が通常いる場所の付近で見張りをしたり、住居等におしかけたり、その付近をみだりにうろつく。

② 行動を監視していると思わせるようなことを告げるか、またはそうしていることを相手にわからせるようなことをする。

③ 面会、交際その他、そうしなくてはいけない義務のないことを、しろと要求する。

④ 著しく粗野または乱暴な言動をとる。

⑤ 無言電話をかけたり、拒まれたにもかかわらず連続して電話をしたり、ファクシミリを用いて送信したり、電子メールの送信等（SNSを用いたメッセージ送信等を行うこと、ブログ、SNS等の個人のページにコメントを送ることも含む）をする。

⑥ 汚物、動物の死体その他の、著しい不快や嫌悪を引き起こす物を送付したり、そういう物を見せたりする。

⑦ 名誉を傷つけることを言うか、そうした内容のことを知らせる。

⑧ 性的羞恥心を傷つけるようなことを言うか、そうした内容のことを知らせる。または、文書、写真、画像、動画などを送りつけるか、別の方法を使ってそうしたものを見せることで、性的羞恥心を傷つける。

◆規制内容・方法
- 警察による警告
- 公安委員会による禁止命令
- 禁止命令違反に対する罰則

2　ストーカー行為に対する規制

◆規制対象行為：ストーカー行為

同じ人に対して、つきまとい等*を繰り返す。

* 1「つきまとい等行為に対する規制」の対象行為①から⑧を指す。ただし、①から④、および⑤の電子メールの送信については、身体の安全、住居等の平穏もしくは名誉が害される、または行動の自由が著しく害されるのではないかという不安を感じさせるような方法によって、それらが行われた場合に限る。

◆規制内容・方法
- 警察による警告
- 警察による被害者の援助
- 公安委員会による禁止命令
- ストーカー行為に対する罰則
- 禁止命令違反に対する罰則

b)　業務妨害罪での告訴

　上記のストーカー規制法に基づく対応は、ストーカー被害を受けている被害者が主体となるべき手続きについて会社がサポートするというものです。これとは異なり、当該ストーカー事件の加害者によって会社の業務が妨害されたといえる場合には、会社自らが被害者の立場で、業務妨害罪で加害者を告訴することも検討すべきでしょう。

　ただし、実際に警察に対して告訴の手続きをとるためには実体的要件（加害者の行為が実際に業務妨害罪に該当するか）や手続き的要件（告訴を行う側の

手順や告訴を受ける警察の側の手順）を満たす必要があるので、やはり、まず所轄の警察に相談に行くべきです。

3）民事的な対応

　ストーカー被害に対する対応としては、刑事的な対応以外に、民事的な対応もとりえます。

　会社の立場としては、まず、ストーカー事件の加害者によって会社の業務が妨害されている場合、当該妨害行為をやめるように加害者に対して警告書を送ることが考えられます。警告書は、加害者に対する単なる告知文書ではなく、損害賠償請求等のきたるべき措置を想定した法的意味を持つ文書であるべきなので、弁護士に作成をお願いすることをお勧めします。

　警告書を送付しても妨害行為が行為がやまず、かつ、会社に一定の損害が生じた場合には、会社から加害者に対して損害賠償請求を行うことが考えられます。通常は、まず損害の内容および額を明示したうえで加害者に対してその賠償を求める趣旨の書面を送付し、それでも応答がない場合には訴訟提起を検討するというプロセスをたどることになるでしょう。ただし、業務妨害によって会社にどのような損害が生じたのかは、法的に見るとなかなか難しい問題なので、弁護士に相談して対応を決めるようにしてください。

（山口　智寛／菅　弘一）

メンタルヘルス、ハラスメント

Q37 メンタル不全の従業員への対応

メンタルヘルス疾患(うつ病)により傷病休職中の当社の従業員から、復職の申出がありました。当該従業員に対して以下のような対応をとることは可能でしょうか。

❶ 当社指定の医療機関での受診を命じる。
❷ 休職期間を延長してリハビリ出勤を実施する。
❸ ❶❷に応じない場合に解雇する。

A ❶❷ 指定医療機関での受診やリハビリ出勤の実施が、就労可能性を判断するうえで必要である限り、認められます。

A ❸ 正当な理由なく応じない従業員を就業規則の定めに従って解雇することは可能ですが、メンタルヘルス疾患の特性上できる限り慎重に対応するべきです。

1 休職制度について

休職とは、会社が、労務に従事することが不能または不適当となった従業員に対し、労働契約関係を維持しながら労務への従事を免除または禁止する制度です。会社から従業員に対して休職命令が出される場合もあれば、従業員自ら休職を申し立て、会社がこれに許可を与えるという形もあります。

休職制度については、法令上、これをもうける場合には労働契約の締結に際して労働者に明示しなければならない（労働基準法15①、労基則5①一一）

とされているほかは、特段明文の規定はありません。

したがって、休職制度をもうけるか否か、休職事由、休職期間、休職・復職に必要な手続き等などは、労働基準法等の規定に反しない限り、会社が自由に定めることができます。

休職事由は、公職への就任、留学、出向などさまざまな種類がありますが、代表的なのは、傷病休職です。これは、業務外の傷病による欠勤または不完全な労務提供が一定期間に及んだときに行われる休職措置で、一般的には、解雇の猶予措置と位置づけられています。

特に最近は、成果主義のプレッシャーや職場の人間関係等に起因するうつ病等のメンタルヘルス疾患が多くの企業で問題となっており、これを理由として会社の休職制度が用いられる例が増えています。

2 傷病休職期間中の賃金について

傷病休業期間中の従業員に賃金が支給されるか否かも、原則として就業規則等の定めに従うことになりますが、一般的には、労働者側の事情による欠勤として無給となるのがほとんどです（労働者としては、健康保険の傷病手当金等を活用することとなります）。

しかし、たとえば、休職事由が発生していないのに会社が休職命令を発したり、休職事由がすでに消滅して復職可能であるのに、会社が復職を拒否したりした場合は、労働者から休職期間中の賃金を請求されることがあるので注意が必要です。

3 復職の際に注意すべきこと

休職した従業員は、休職期間中に傷病から回復して就労可能となれば復職できますが、回復しないまま期間満了となれば、就業規則の定めに従って自然退職または解雇となります。

「就労可能」といえるには、一般的には、通常の業務（休職する以前に従事していた業務）を支障なく遂行できる程度に回復していることが必要とされ

ています。そして、この回復の程度は、医師の専門的判断を参考にしなければ判断が難しいので、就業規則上、従業員が復職を求める際に主治医の診断書の提出を要する旨定めていることが多いでしょう。

しかし、傷病のなかでもメンタルヘルス疾患については、従業員が就労可能になったか否かの判断が困難であり、専門医ごとに診断結果が分かれることも多いといえます。また、会社はすべての従業員に対して安全配慮義務（労働契約法5）を負っているため、従業員提出の資料のみで安易に就労可能と判断するべきではありません。

そこで会社としては、主治医の診断書を提出させるだけでなく、その主治医に連絡をとって直接意見聴取をしたり、産業医面談を従業員に要請したりするなどの慎重な対応が必要です。

4 ご質問についての検討

1）復職にあたり、会社指定医療機関の受診を義務づけることは可能か（Qの❶）

上で述べたように、「就労可能」かどうかは複数の資料から総合的に判断するべきなので、資料の一つとして会社の指定する医療機関（産業医など）の受診を義務づけても違法ではありません。

もっとも、休職した従業員から「会社寄りの医療機関から、不当に就労不可能の診断を受けた」などとあとになって主張されるといったトラブルを避けるため、①従業員自身からも主治医の診断書を提出させる、②その主治医に対し、会社から直接意見聴取をする、③復職時に会社指定医療機関の受診が必要になること、およびその医療機関の名称等を就業規則等に明記しておく、などの対応をしておくべきです。

また、会社指定の医療機関の受診を就業規則で義務づけているにもかかわらず従業員がこれに応じない場合、受診を求めることに合理性・相当性がある限り、業務命令として受診を命ずることもできますし（電電公社帯広局事件・最判昭和61年3月13日）、その診断結果がないと就労可能と判断できないのであれば、復職不可と判断してもやむをえないといえるでしょう。

2）休職期間を延長してリハビリ出勤を実施することは可能か（Qの❷）

　リハビリ出勤とは、傷病休職から復職するための「慣らし運転」を主な目的として、一定期間簡易な業務等に従事させる制度です。

　法律上の制度ではありませんが、近年は、メンタルヘルス疾患で休職した従業員について、復職の前提としてリハビリ出勤期間を定める企業が増えています。

　リハビリ出勤の具体的な内容も、出社・退社の通勤訓練のみを行って業務には一切服さないもの、労働時間・日数を減らして就労するもの、以前とは異なる軽微な作業を行う部署で就労するものなど、会社によってさまざまな形が採用されています。

　では、休職中の従業員から復職の申出がなされたのに対し、休職期間を延長してリハビリ出勤を実施することは可能でしょうか。

　まず、復職の前提としてリハビリ出勤の実施を義務づける労使間合意や就業規則等の定めがあれば、特に問題はないでしょう。また、そのような定めがない場合であっても、リハビリ出勤を試みることが就労可能性を判断するうえで必要である場合には、安全配慮義務の履行の一環として従業員にリハビリ出勤を求めても違法とはいえません。

　ただし、リハビリ出勤制度を取り入れるにあたっては、当該従業員のサポートおよびチェック体制を充実させることが不可欠です。リハビリ出勤によって症状が悪化したりすれば、会社の安全配慮義務違反を問われることになりかねないからです。

　具体的には、リハビリ出勤の具体的内容を主治医や産業医と相談したうえで決定すること、本人にリハビリ出勤の目的を明確に理解してもらうこと、産業保健の専門スタッフを配置すること、リハビリ出勤期間中は担当者（上司等）を付け、無理な作業を行ったりしないよう監督させることなどが、考えられます。

3）上記❶❷に応じない場合に、解雇することは可能か（Qの❸）

　前記のとおり、休職した従業員が復職するためには、傷病から回復して就

労可能な状態になっていなくてはなりません。

　そして、会社が就労可能性を判断するうえで、会社指定医療機関の診断結果やリハビリ出勤の成果は重要な資料になりますから、これを正当な理由もなく拒否した従業員が、復職許可を得られなくなる（＝その結果、就業規則の定めに従い解雇となる）という不利益をこうむったとしても、やむをえないものと考えられます。

　もっとも、メンタルヘルスの場合については、本人にそもそも疾患の自覚がなかったり、自覚があっても精神科の受診に抵抗感を示す人が多いといわれます。そのため、休職事由の有無や復職時の就労可能性の判断にあたっては、通常の外傷・内科系疾患などと比べてより慎重な配慮が必要になるでしょう。仮に、復職時の会社指定医の受診やリハビリ出勤を拒否したとしても、ただちに復職不可の判断を下すのではなく、まずは本人に対して受診やリハビリ出勤を求める趣旨を丁寧に説明したうえで、専門家によるアドバイスや、場合によっては従業員の家族の協力を求めるなどの方策を試みるべきだと考えます。

（櫻庭　知宏）

Q38 セクハラ防止のためにとるべき対策

当社のある女性従業員が、男性の上司からセクハラを受けていると申告してきました。会社としてセクハラ防止について注意すべき点を教えてください。

A まずはセクハラを許さないという職場環境をつくること、および実際にセクハラが起きた場合は、①事実関係の正確な把握、②加害者の懲戒についての慎重な対応、③被害従業員の精神的ケア、などが重要になります。セクハラを行った従業員に対する懲戒処分については、**Q26** を参照してください。

1 セクハラの定義について

セクハラ（セクシュアル・ハラスメント）の定義は、男女雇用機会均等法11条1項によれば、①職場で行われる性的な言動に対するその雇用する労働者の対応により当該労働者がその労働条件につき不利益を受けること、②性的な言動により当該労働者の就業環境が害されること、とされています。ここでいう「性的な言動」とは、男性から女性に対するものだけでなく、女性から男性に対するものや、同性に対するものも含まれます。

一般的に①は「対価型セクハラ」と呼ばれ、たとえば、上司が部下に対して性的関係を要求したところ拒絶されたため、その従業員に不利益（解雇や配置転換等）を与えることや、自分と性的関係を持つことを昇進や昇格の条件にしたりすることなどが、これに該当します。

また、②は「環境型セクハラ」と呼ばれ、会社内で従業員の体にたびたび触れたり、性的な話題を出したり、恋愛経験を執拗に聞いたりすることが典型例です。

2 セクハラに関する会社の義務および責任

　前掲の男女雇用機会均等法 11 条 1 項は、職場のセクハラ対策として、「当該労働者からの相談に応じ、適切に対応するために必要な体制の整備その他の雇用管理上必要な措置を講じ」ることを、事業主に義務づけています。

　また、同条 2 項および厚生労働省の指針によれば、事業主には、(1)セクハラに関する事業主の方針や、セクハラを行った者に対する対処等を明確にし、従業員に周知・啓発すること、(2)セクハラ被害に関する相談窓口の設置および相談に対する適切な対応、(3)セクハラ発生時には迅速かつ適切に対応し、再発防止のための措置を講ずること、(4)関係当事者のプライバシーを保護するために必要な措置を講ずること、(5)相談したことなどを理由として不利益な取扱いを行ってはならない旨を定めてこれを周知・啓発すること、などが義務づけられています。

　職場でのセクハラによって、従業員が身体的・精神的な被害を受けたり、そのせいで休職・退職をせざるをえない状況に陥ったりした場合、会社は損害賠償責任を問われることがあります。具体的には、セクハラの加害者を使用する者としての不法行為責任（民法 715、709）や、セクハラ防止のための必要な措置（相談窓口の設置や加害者に対する指導等）を怠ったことについての債務不履行責任（民法 415）を追及されることになるでしょう。

3 ご質問についての検討

1）セクハラ防止のためにするべきこと

　セクハラ防止のためには、まずはセクハラをさせない、許さないという職場環境をつくることが必要不可欠です。

　上記の厚生労働省の指針に従い、セクハラに関する事業主の方針や加害者への対処を明確にして従業員に周知徹底するとともに、適切な相談窓口を設置することは最低限必要でしょう。

　また、現実に特定の従業員からセクハラ被害の申告等がなされていない場

合でも、業務内容や職場環境等について何か意見や気づいた点がないか定期的に各従業員と個人面談を実施することや、管理職研修等の社内企画を定期的に実施することなども、セクハラ行為等の抑止につながると思われます。

2) セクハラ被害の申告を受けた場合の対応について

実際に従業員から、セクハラがあったという訴えや申告を受けた場合、会社としては以下の事項に留意した迅速な対応が求められます。

a) 事実関係の正確な把握

セクハラ被害を訴えた従業員本人や、その加害者とされている者、その他の関係者全員から、できる限り丁寧かつ詳細に事実を聞き取り、各当事者の言い分を照らし合わせたうえで、問題となっている行為がセクハラに該当するかどうかを慎重に判断しましょう。

なお、事情の聞き取りは、聴取対象者と同性の担当者（たとえばセクハラ被害を訴えたのが女性従業員であれば、女性の担当者）が行うのが望ましいでしょう。そして、相談や聞き取りの事実および聴取した内容については秘密を守る旨を明確に伝えるなど、話しやすい空気をつくることが大事です。

また、関係当事者の言い分が一致せず、事実関係が確認できない場合は、弁護士等の専門的な第三者機関に依頼するなどの対応が必要になることも考えられるでしょう。

b) セクハラ加害者に対する懲戒処分について

事情聴取の結果、セクハラに該当すると認められる場合、職場秩序維持および前記措置義務の観点から、被害者である従業員がセクハラを受けないための環境を整えて再発防止に向けた具体的方策を実施する必要があり、その一環として、セクハラ行為を行った従業員に対しては、就業規則等の社内ルールに従ってしかるべき処分を課すこととなります。

もっとも、懲戒権の行使は、個別の事情によっては権利の濫用とされる場合もあるので注意が必要です（**Q26**を参照）。たとえば過去に懲戒処分等を受けたことのない加害者に対しては、特段の事情がない限り、まずは厳重注意や異動措置、またはより軽い懲戒処分等を経たうえで、改善が見られない

場合には、解雇を含むより重い懲戒処分に処するという対応が望ましいでしょう。

また、行為の悪質性などから解雇やむなしと判断される場合でも、できるだけ退職金を支給する形での諭旨解雇または普通解雇を選択したほうがいい場合もあるので、やはり慎重な対応が必要です。

c) **被害従業員のケアについて**

セクハラ問題の対応では、加害者に対する処分だけに注力するのではなく、被害を訴えた従業員に対する配慮も重要です。被害従業員は精神的に大きなダメージを負っていることが多く、そのことがメンタルヘルス疾患につながることもあるので、産業医との面談や専門医によるカウンセリングの受診を提案するなどの心のケアが必要になります。

また、セクハラに関する事情聴取には時間がかかることもあるので、その場合には、当事者同士が顔を合わせることのないよう、暫定的に両者を異なる部署に配置するなどの措置も検討すべきでしょう。

d) **セクハラに該当しない場合の対処**

事情聴取の結果、セクハラに該当しないものと認められる場合、まずは関係各当事者にその旨丁寧に説明し、納得を得るように努めましょう。

また、たとえ結果的にセクハラに該当しなくとも、申告者本人がセクハラだと感じかねない状況がなかったかを十分に検討し、同様の申告そのものが以後生じることのないよう必要な措置をとることが大事です。

（櫻庭　知宏）

Q39 パワハラ防止のための留意点

当社のある従業員が、上司からパワハラを受けていると申告してきました。会社としてパワハラ防止について注意すべき点を教えてください。

A パワハラを生じさせない職場環境・システムを構築することのほか、実際にパワハラが起きた場合は、事実関係の正確な把握や加害者に対する適切な指導・処分等の迅速な対応が必要になります。

1 パワハラの定義について

いわゆるパワハラ（パワー・ハラスメント）の定義は、厚生労働省の「職場のいじめ・嫌がらせ問題に関する円卓会議ワーキング・グループ報告」によれば、「同じ職場で働く者に対して、職務上の地位や人間関係などの職場内の優位性を背景に、業務の適正な範囲を超えて、精神的・身体的苦痛を与える又は職場環境を悪化させる行為」とされています。

ここでいう「職場内の優位性（を背景にした行為）」とは、上司から部下への行為だけでなく、先輩・後輩間、同僚間、あるいは部下から上司に対してさまざまな優位性を背景に行われるものも含まれます。

また、これまでの裁判例によれば、パワハラには「合理的理由のない、単なる厳しい指導の範疇を超え」ること（中部電力事件・名古屋高判平成19年10月31日）、「人格、存在自体を否定すること」（静岡労基署長〔日研化学〕事件・東京地判平成19年10月15日）等の要素が挙げられています。

具体的に例として列挙されているパワハラの類型は以下のとおりです。

① 身体的な攻撃（暴行、傷害）
② 精神的な攻撃（脅迫、暴言、侮辱等）
③ 人間関係からの切り離し（隔離、仲間外し、無視）
④ 過大な要求（不要な業務、実行不可能な業務の要求、仕事の妨害等）

⑤ 過小な要求（合理的理由もなく仕事を与えないことや、明らかに程度の低い業務を命令するなど）
⑥ 個の侵害（私的なことに過度に立ち入ること）

あわせて問題になることの多いセクハラ（**Q38**、**Q26** を参照）とは、職場で職権を背景に行われる行為である点で共通しますが、対象行為が性的言動に限られるのに比べてパワハラの場合は多様であり、パワハラに該当するか否かの判断が困難であることが多い点が、特徴といえます。

2 パワハラに関する会社の義務および責任

会社は、労働契約に付随する信義則上の義務として、良好な職場環境を保持する義務を負っているため、従業員によるパワハラが発生した場合には、当該義務の履行として適切な措置をとる必要があります。

セクハラの場合と同様、職場でのパワハラによって、従業員が身体的・精神的な被害を受けたり、そのせいで休職・退職をせざるをえない状況に陥ったりした場合、会社は損害賠償責任を問われることがあります。具体的には、パワハラの加害者を使用する者としての不法行為責任（民法 715、709）や、パワハラ防止のための必要な措置を怠ったことについての債務不履行責任（民法 415）を追及されることになるでしょう。

3 ご質問についての検討

1）パワハラ防止のためにするべきこと

まずは以下の方策をとることで、パワハラを生じさせない職場環境・システムを構築することが重要です。

① 就業規則等にパワハラを規制するルールを定めて従業員に周知するなど、パワハラ防止の意思を会社が明確にする。
② 管理職や一般従業員に対し、定期的な面談、アンケートないし研修を実施する。
③ 適切な相談窓口（社内あるいは外部専門家）を設置する。

2) パワハラ被害の申告を受けた場合の対応について

　従業員からパワハラがあったという訴えや申告を受けた場合は、セクハラの場合と同様、以下に挙げる適切な対応が求められます。

　ただし、前記のとおりパワハラは対象行為が多様なため、どのような行為が行われたのか、またその行為が「業務の適正な範囲を超え」たものかどうかを、当事者から聞き取った事実をもとに丁寧に認定していくことが重要です。

　たとえば、殴る・蹴る・暴言を吐くなどの身体的・精神的攻撃があればパワハラと認めやすいですが、「過大（過小）な要求」の類型については、会社の業種や規模等の個別事情によって基準が異なるので、より慎重な検討が必要になります。

a)　事実関係の正確な把握

　パワハラ被害を訴えた従業員本人や、その加害者とされている者、その他の関係者全員から、できる限り丁寧かつ詳細に事実を聞き取り、各当事者の言い分を照らし合わせたうえで、パワハラに該当するか（どの類型に該当するか）を慎重に判断しましょう。

　事情の聞き取りにあたっては、相談や聞き取りの事実、聴取した内容について秘密を守る旨を明確に伝えるなど、話しやすい空気をつくることが大切です。また、最初からパワハラであるという評価を差し挟まず、第三者的立場から冷静に客観的事実を聞き取っていくことを心がけましょう。

　また、聞き取りの担当を当事者の所属部署に任せることは避け、人事部の担当者その他の専門部署に担当させることが望ましいでしょう。そして、関係当事者の言い分が一致せず、事実関係が確認できない場合は、弁護士等の専門的な第三者機関に依頼するなどの対応も検討すべきです。

b)　パワハラの是正、被害拡大・再発防止のための措置

　事情聴取の結果パワハラに該当すると認められる場合、会社は、被害回復のため、加害者に対する懲戒処分その他の措置を講じてこれを是正することが求められます。

また、会社には、被害の拡大や再発を防止するために、①加害者と被害者の関係修復のための指導・サポート、②両者の間に距離を置くための適切な配置転換、③パワハラによって被害者が負った不利益の回復等の対応を、迅速に行う必要があります。

　なお、懲戒権の行使には慎重な対応を要する点は、**Q38**「セクハラ防止のためにとるべき対策」や**Q25～27**で説明したとおりです。よって、基本的には、まず配置転換や個別指導等の暫定的処置で様子を見たうえで、改善が見られない場合には降格処分・解雇等を含むより重い懲戒処分に処するという対応が、望ましいでしょう。

（櫻庭　知宏）

Q40 マタハラ

従業員の妊娠、出産、育児休業については、マタハラにならないように取扱いを注意すべきだと聞きました。具体的にどのようなことをすればよいのでしょうか。

A 妊娠、出産したことそのものに関する言動だけでなく、労働者が妊娠、出産、育児に関する制度を利用することに関する言動もマタハラに該当しうることに注意が必要です。また、事業者は、解雇などの不利益取扱いが禁止されるだけでなく、マタハラ防止措置を講じる義務があります。

1 マタハラとは

マタハラとは、「マタニティー・ハラスメント」の略称で、職場での上司・同僚からの言動（妊娠・出産したことや育児休業等の利用に関する言動）により、妊娠・出産した労働者や育児休業等を申し出・取得した労働者の就業環境が害されることをいいます。

「職場」とは、事業主が雇用する労働者が業務を遂行する場所を指します。労働者が通常就業している場所以外の場所、たとえば、取引先と打ち合わせをするために立ち寄った飲食店や、業務のために訪問した場所も、労働者が業務を遂行する場所であればこれに含まれます。

「労働者」とは、正規雇用労働者だけでなく、パートタイム労働者、契約社員などいわゆる非正規雇用労働者を含む、事業主が雇用するすべての労働者を指します。

妊娠、出産に関するハラスメントの客体は女性労働者ですが、育児休業に関するハラスメントの客体には男性労働者も含まれます。具体的にどのような言動が問題となるのかは後ほど取り上げますが、妊娠、出産したことその

ものに関する言動(状態への嫌がらせ型)だけでなく、労働者が妊娠、出産、育児に関する制度を利用することに関する言動(制度等の利用への嫌がらせ型)もマタハラに該当しうることに注意が必要です。

2 マタハラに関する規制の状況

　職場でのパワハラについては、事業主に具体的な措置を義務づけた法律はありませんが、マタハラについては、男女雇用機会均等法と育児介護休業法が、職場における不利益取扱いの禁止や事業主がとるべき防止措置について規定しています。

　最近の女性の就業率、妊娠、主産後の就業継続率の高まりとともに、マタハラ問題についての関心は以前とは比較にならないほどに高まってきました。また、平成26年には、最高裁判所が、女性労働者に対して、妊娠中の軽易な業務への転換を契機として降格させる事業主の措置が、男女雇用機会均等法9条3項の禁止する不利益取扱いにあたり無効であると判示し、大きな話題となりました(広島中央健康生活協同組合事件・最判平成26年10月3日)。

　このような事情を背景として、男女雇用機会均等法と育児介護休業法の改正(平成29年1月1日施行)、これらの法律に関する解釈通達の改正(「『改正雇用の分野における男女の均等な機会及び待遇の確保等に関する法律の施行について』及び『育児休業・介護休業等育児又は家族介護を行う労働者の福祉に関する法律の施行について』の一部改正について」平成27年1月23日雇児発0123第1号)、さらに、マタハラ防止のための2つの指針の策定(「事業主が職場における妊娠、出産等に関する言動に起因する問題に関して雇用管理上講ずべき措置についての指針」〔平成28年厚生労働省告示312号〕、「子の養育又は家族の介護を行い、又は行うこととなる労働者の職業生活と家庭生活との両立が図られるようにするために事業主が講ずべき措置に関する指針」〔平成21年厚生労働省告示509号、平成28年厚生労働省告示313号により改正〕、いずれも平成29年1月1日から適用)などの措置が実施されました。

　このように、マタハラに対する規制は徐々に厳格化、厳密化しており、今

後もこの流れに沿って規制がなされていくことは確実です。

3 不利益取扱いの禁止

　企業あるいは事業主としてマタハラに関して気をつけなければならないのは、第1に、不利益取扱いの禁止です。男女雇用機会均等法と育児介護休業法により、労働者の妊娠、出産、育児休業（申出も含む）等を理由として、当該労働者に対して解雇その他の不利益取扱いをしてはならないとされています。以下、妊娠、出産のケースと、育児休業のケースに分けて詳細を見てみましょう。

1）妊娠・出産等を理由とする不利益取扱い

　男女雇用機会均等法9条3項は、「事業主は、その雇用する女性労働者が妊娠したこと、出産したこと、労働基準法（昭和二十二年法律第四十九号）第六十五条第一項の規定による休業を請求し、又は同項若しくは同条第二項の規定による休業をしたことその他の妊娠又は出産に関する事由であつて厚生労働省令で定めるものを理由として、当該女性労働者に対して解雇その他不利益な取扱いをしてはならない。」としています。つまり、妊娠・出産等を「理由」とする、女性労働者に対する解雇その他の「不利益取扱い」が禁止されています。

　不利益取扱いの「理由」としては、妊娠、出産だけでなく、その他の厚生労働省令で定める事由も対象とされていることに注意が必要です。また、禁止される「不利益取扱い」としては、解雇などの行為そのものに限らず、それを示唆する発言も含まれます。具体的には、以下のとおりです。

妊娠・出産等を理由とする不利益取扱いの禁止
◆不利益取扱いの理由にしてはならない妊娠・出産に関する事由 　・　妊娠、出産したこと。 　・　産前休業を請求したこと、産前・産後休業をしたこと。 　・　妊娠中・出産後の健康管理に関する措置（母性健康管理措置）を求

めたこと、当該措置を受けたこと。
- 軽易な業務への転換を請求したこと、実際に転換したこと。
- 妊娠・出産に起因する症状*により労務の提供ができないこと、できなかったこと、労働能率が低下したこと。
    * 「妊娠・出産に起因する症状」とは、つわり、妊娠悪阻、切迫流産、出産後の回復不全等、妊娠または出産をしたことに起因して妊産婦に生じる症状を指す。
- 事業場において変形労働時間制がとられる場合、1週間または1日につき法定労働時間を超える時間について労働しないことを請求したこと、時間外もしくは休日について労働しないことを請求したこと、深夜業をしないことを請求したこと、これらの労働をしなかったこと。
- 育児時間の請求をしたこと、育児時間を取得したこと。

◆禁止対象となる不利益取扱いの例
- 解雇すること。
- 有期雇用の従業員について契約の更新をしないこと。
- あらかじめ契約の更新回数の上限が明示されている場合に、当該回数を引き下げること。
- 退職の強要や、正社員を非正規雇用社員とするような労働契約内容の変更の強要を行うこと。
- 降格させること。
- 就業環境を害すること。
- 従業員にとって不利益となる自宅待機を命じること。
- 減給をし、または賞与等において不利益な算定を行うこと。
- 昇進・昇格の人事考課において不利益な評価を行うこと。
- 従業員にとって不利益となる配置転換を行うこと。
- 派遣労働者に対して、派遣先が派遣役務の提供を拒むこと。

2）育児休業の申出・取得等を理由とする不利益取扱い

　育児介護休業法は 10 条で「事業主は、労働者が育児休業申出をし、又は育児休業をしたことを理由として、当該労働者に対して解雇その他不利益な取扱いをしてはならない。」とし、さらに、介護休業等についても同様の規定を置いています（育児介護休業法 16 など）。つまり、育児休業などの一定の制度の利用を「理由」に、制度を利用した（利用を希望した）労働者に対して解雇その他の「不利益取扱い」をすることが禁止されています。

　不利益取扱い禁止の対象となる育児休業その他の制度と、不利益取扱いとして禁止される行為の詳細は、以下のとおりです。

育児休業の申出・取得等を理由とする不利益取扱いの禁止

◆不利益取扱い禁止の対象となる制度
- 育児休業（育児のために原則として子が 1 歳になるまで取得できる休業）
- 介護休業（介護のために対象家族 1 人につき通算 93 日間取得できる休業）
- 子の看護休暇（子の看護のために年間 5 日間〔子が 2 人以上の場合 10 日間〕取得できる休暇）
- 介護休暇（介護のために年間 5 日間〔対象家族が 2 人以上の場合 10 日間〕取得できる休暇）
- 所定外労働の制限（育児または介護のための残業免除）
- 時間外労働の制限（育児または介護のため時間外労働を制限〔 1 か月 24 時間、 1 年 150 時間以内〕）
- 深夜業の制限（育児または介護のため深夜業を制限）
- 所定労働時間の短縮措置（育児または介護のため所定労働時間を短縮する制度）
- 始業時刻変更等の措置（育児または介護のために始業時刻を変更するなどの制度）

◆禁止対象となる不利益取扱いの例
- 解雇すること。

- 有期雇用の従業員について契約の更新をしないこと。
- あらかじめ契約の更新回数の上限が明示されている場合に、当該回数を引き下げること。
- 退職の強要や、正社員を非正規雇用社員とするような労働契約内容の変更の強要を行うこと。
- 就業環境を害すること。
- 従業員にとって不利益となる自宅待機を命じること。
- 労働者が希望する期間を超えて、その意に反して所定外労働の制限、時間外労働の制限、深夜業の制限または所定労働時間の短縮措置等を適用すること。
- 降格させること。
- 減給をし、または賞与等において不利益な算定を行うこと。
- 昇進・昇格の人事考課において不利益な評価を行うこと。
- 従業員にとって不利益となる配置転換を行うこと。
- 派遣労働者に対して、派遣先が派遣役務の提供を拒むこと。

4 事業者がとるべき防止措置

　マタハラに関して気をつけるべき第2の点は、事業主にはマタハラを防止するための措置を講じることが義務づけられているということです。

　男女雇用機会均等法11条の2および育児・介護休業法25条では、職場における妊娠・出産・育児休業等に関するハラスメントについて、防止措置を講じることを事業主に義務づけています。すなわち、マタハラについては、労働者個人の問題として捉えるのではなく、事業体全体にとっての雇用管理の問題として位置づけて対処することが求められているということです。先述した、マタハラ防止のための2つの指針によれば、事業者は以下のような措置をとる必要があるとされています。

1) 事業主の方針の明確化およびその周知・啓発
- ①妊娠、出産、育児休業等に関するハラスメントの内容、②妊娠、出産、育児休業等に関する否定的な言動が妊娠、出産、育児休業等に関するハラスメントの背景等となりうること、③妊娠、出産、育児休業等に関するハラスメントがあってはならない旨の方針、④妊娠、出産、育児休業等に関する制度等の利用ができる旨を明確化し、管理・監督者を含む労働者に周知・啓発する。
- 妊娠、出産、育児休業等に関するハラスメントの行為者については、厳正に対処する旨の方針・対処の内容を就業規則等の文書に規定し、管理・監督者を含む労働者に周知・啓発する。

2) 相談（苦情を含む）に応じ、適切に対応するために必要な体制の整備
- 相談窓口をあらかじめ定める。
- 相談窓口担当者が、内容や状況に応じて適切に対応できるようにする。また、職場で妊娠、出産、育児休業等に関するハラスメントが現実に生じている場合だけでなく、その発生のおそれがある場合や、妊娠、出産、育児休業等に関する職場でのハラスメントに該当するか否か微妙な場合等であっても、広く相談に対応する。
- その他のハラスメントの相談窓口と一体のものとして相談窓口を設置し、相談も一元的に受け付ける体制の整備が望ましい。

3) 職場における妊娠、出産、育児休業等に関するハラスメントに対する事後の迅速かつ適切な対応
- 事実関係を迅速かつ正確に確認する。
- 事実確認ができた場合には、速やかに被害者に対する配慮の措置を適正に行う。
- 事実確認ができた場合には、行為者に対する措置を適正に行う。
- 再発防止に向けた措置を講じる（事実確認ができなかった場合も同様）。

4）職場における妊娠、出産、育児休業等に関するハラスメントの原因や背景となる要因を解消するための措置

- 業務体制の整備など、事業主や妊娠した労働者その他の労働者の実情に応じ、必要な措置を講じる。
- 妊娠・出産した労働者や制度等の利用の対象となる労働者に対し、労働者の側も、制度等の利用ができるという知識を持つことや、周囲と円滑なコミュニケーションを図りながら自身の体調等に応じて適切に業務を遂行していくという意識を持つことなどを周知・啓発することが望ましい。

5）1）から4）までの措置とあわせて講じるべき措置

- 相談者・行為者等のプライバシーを保護するために必要な措置を講じ、周知する。
- 相談したこと、事実関係の確認に協力したことなどを理由として不利益な取扱いを行ってはならない旨を定め、労働者に周知・啓発する。

（山口　智寛）

第6章

福利厚生・
安全衛生・
労働災害

Q41 従業員持株制度

当社では、福利厚生の一環として、従業員持株制度の導入を検討しています。どのようなメリットとデメリットがあるでしょうか。

A 従業員持株会のメリットは、従業員からすると自社株を安価に取得できること、会社からすると従業員が会社に忠誠心・愛着を持ってくれること、安定株主を得ることです。デメリットは、従業員は給与と資産の両方を会社に依存し、会社の業績が悪化したときのリスクの分散ができないことです。会社側からすると株式譲渡制限会社では、その運用が恣意的になると制度自体の有効性に問題が生じるということです。

1 従業員持株会とは

　従業員持株制度とは、会社がその経営戦略の一環として会社の株式の一部を従業員が組織する団体に取得させる制度をいいます。従業員は、会社からの補助等により一般よりも安価に株式を取得し、その後配当を受けることによって高利回りの資産運用ができます。上場企業の場合は、会社が株式購入のための奨励金を付与し、従業員は株式取得のための補助を受けることができます。株式を上場していない会社（株式譲渡制限会社）の場合は、経営者等が保有する株式を比較的低廉な価格で譲渡することにより従業員は安価に株式を取得することができます。

　従業員は自社株を保有することにより、会社との一体感や会社に対する愛着や忠誠心を持つこととなると同時に、上記のとおり安価で取得した株式により高利回りの配当を受けることができるので、福利厚生の施策の一環と位置づけることができます。

　従業員持株会は、組合方式をとるものが多く、その場合は、従業員が組合

（持株会）に拠出した資金で組合が株式を取得し、組合の構成員である従業員が株式を共有するという形式が一般的です。会社を退職するときは持株会を脱退し、持株会から自己が保有する持分に相当する株式代金を払い戻してもらうことになります。上場会社の場合は、市場価額で清算することになりますが、市場価額のない株式譲渡制限会社の場合は、株式をあらかじめ決められた額で強制的に売り渡さなければならないとする持株会の規約もあり、後述するとおりその効力がしばしば問題となっています。

2 従業員側から見たメリット

従業員のメリットは、何といっても上記のとおり自社株を安価で取得でき、その後は配当を受けることができるという点です。

上場企業の場合は、自社株は、取得したときの価格よりも市場価額が値上がりすれば資産価値が上がることになります。また、自己負担となる株式取得代金の一部も給与からの天引きなので、それほどの抵抗感なく積立投資を始めることができます。

上場会社でない場合は、株式の市場価額がありませんが、将来、株式を上場（IPO）することになった場合には、資産価値が何倍、何十倍にも上がることもあります。

3 会社側から見たメリット

会社側のメリットは、会社の業績が株式の価値を左右することになるので、従業員にやる気を促し、会社に対する忠誠心や愛着を持たせること、および従業員持株会とは通常、友好関係を保つことになるので、安定株主を得ることができることです。また、株式譲渡制限会社の場合には、支配株主の事業承継対策として利用される例もあるようです（ただし、この場合はその運用を誤ると制度自体の有効性に問題が生じることになります）。

4 従業員側から見たデメリット

　従業員のデメリットは、自社株の価値が下がった場合のリスクです。会社の業績はつねに右肩上がりとは限らず、業績が低迷すれば株式の価値も下がります。特に問題なのは、従業員は給与と資産の両方を勤務先の業績に依存してしまうという点です。会社の業績が悪くなって給与が下がるだけではなく、資産としての株式の価値も下がるリスクを持つということです。最悪の場合、会社が倒産して給与もなくなり、資産としての株式の価値もゼロになってしまうおそれもあります。リスクをヘッジするためにきちんとポートフォリオを組んだ分散投資が必要になります。

　株式譲渡制限会社の場合は、後述するとおり退職の際にあらかじめ決められた額（多くの場合は取得した価額）で株式を売り渡さなければならない規約になっていることが多いので、取得価額と売却価額の利ざや（キャピタルゲイン）を得ることができません。この点を十分に理解したうえで持株会に加入するべきです。

5 会社側から見たデメリット

　従業員に対する福利厚生の施策と割り切れば、会社側のデメリットというものはあまりないと思われます。ただ、株式譲渡制限会社の場合のように、福利厚生策以外の目的を付加し、持株会の規約にさまざまな条項を加えると、後述するとおりその条項の有効性が問題とされることがあります。

6 従業員持株会のその他の問題（主として株式譲渡制限会社の場合）

1）売渡強制条項の有効性
　株式は、株主の投下資本回収のために本来譲渡が自由であるのが原則なので、従業員が退職する際に持株会ないし会社が指定する者に対して譲渡を強制されることは、この株式譲渡自由の原則に反し、無効なのではないかということが問題となります。

この点については、従業員が制度の趣旨を了解して自由意思に基づいて株主となった以上、当該条項は有効であるとするのが判例の立場です。特に、株式譲渡制限会社の場合は、株式譲渡自由の原則の例外が定款で定められており、株主は譲渡先の選択の自由が保障されているわけではありません。そうすると、売渡強制条項はむしろ従業員の投下資本回収に寄与する点があるので、有効と解するのが一般的です。

2）売渡強制価格の有効性

　次に、株式譲渡制限会社の場合に、従業員が退職する際に、株式をあらかじめ決められた額（一般的には取得した価額とすることが多い）で強制的に売り渡さなければならないとする持株会の規約が有効なのかが、問題とされることがあります。

　この点については、従業員が事前に了解していること、比較的高率の配当が従業員になされ福利厚生に寄与していること、株式の時価の算定が容易ではないことなどを理由に、当該規約を有効とするのが判例です。注意を要するのは、この規約が有効となるのは高率の配当をすることが条件であり、そうでなければ無効になるおそれもあるということです。実際には、取得金額の1割の配当を続けた場合（東京高判平成5年6月29日）、当初13年間は15％ないし30％、その後4年間は8％の配当、退職から譲渡先指定までの2年間は無配という場合（最判平成7年4月25日）で、取得価額を譲渡価額とすることを有効としています。

3）議決権信託契約の有効性

　従業員持株会ではその構成員たる従業員は持株会の理事長に株式を信託することも多いようです。この場合には、株主としての議決権の行使も理事長に委ねることになりますが、これが「前項の代理権の授与（注：株主は、代理人によってその議決権を行使することができる。）は、株主総会ごとにしなければならない。」として、議決権の包括的な委任を禁じた会社法310条2項の規定に反しないかが、問題となります。

　株式を信託すること、その場合に議決権の行使を委ねること自体は有効と

されています。しかし、会社の経営者が会社を支配する道具として持株会の議決権を制限するような場合は、会社法の脱法的行為として無効となると解されています。会社（経営者）の関与のもとで信託契約がなされ、従業員の側がこれを強制され、信託契約の解除もできないような場合が、脱法行為となると考えられます。

　会社側としては、以上のようなことがないように従業員持株会が運用されるように、配慮すべきです。

（市川　充）

Q42 従業員に怪我・病気が発生した場合の労災保険の適用

従業員の怪我や疾病について、どのような場合に労災保険の適用がありますか。

A 一般論としては、従業員が会社の支配下にある状態で(業務遂行性)、業務に内在する危険が現実化して従業員に傷病等が発生した場合に(業務起因性)、労災保険の適用があるとされています。

1 労災保険について

　労災保険というのは、労働者災害補償保険の略であり、雇用保険とあわせて労働保険と総称されます。

　労働者(パートタイマー、アルバイトを含む)を一人でも雇用していれば、業種・規模のいかんを問わず労働保険の適用事業となるので、事業主は加入手続き(成立手続き)を行わなければならないとされています。

　加入手続きを行うよう指導を受けたにもかかわらず、自主的に加入手続きを行わなかった場合は、さかのぼって労働保険料を徴収されるのに加えて、追徴金を徴収されることになります。

　さらに、万が一、未加入期間中に労働災害が生じ、労災保険給付が行われた場合は、さかのぼって労働保険料および追徴金が徴収されるのに加えて、労災保険給付に要した費用の全部(故意の場合)または一部(40%。重大な過失の場合)を徴収されることにもなるので、加入手続きを怠りなく行う必要があります。

　さて、ご質問の内容は、どのような場合に労災保険の適用があるかということですが、労災保険の対象には、業務災害と通勤災害があるので、以下順にご説明します。

2 業務災害

1）業務災害の判断基準

　労災保険が適用される「業務災害」にあたるかどうかは、「業務起因性」と「業務遂行性」の2点によって判断されます。

　「業務起因性」というのは、業務と傷病等との間に一定の因果関係（相当因果関係）があること、もう少し具体的にいうと、業務に内在する危険が現実化して傷病等が発生したことをいいます。

　「業務遂行性」というのは、その傷病等が業務の遂行に際して発生したこと、もう少し具体的にいうと、労働契約に基づいて事業主の支配・管理下にある状態で発生したことをいいます。

2）怪我の場合

　怪我（事故による負傷）については、疾病に比べていつ発生したかが明確です。そこで、事故の発生場所、発生時刻、事故当時の労働者の行為や状況に応じ、次のように類型化して考えるのが一般的です。

① 事業主の支配・管理下で業務に従事している場合（所定労働時間内や残業時間内に事業場施設内で業務に従事している場合）

　→原則：業務上の負傷にあたる。

　例外：特段の事情がある場合（私的行為、業務逸脱行為が原因となった場合、労働者が故意に災害を発生させた場合、天災地変による場合など）は、業務上の負傷にあたらない。

② 事業主の支配・管理下にあるが業務に従事していない場合（事業場施設内にいるものの、休憩時間や就業時間前後など業務に従事していない場合）

　→原則：業務上の負傷にあたらない。

　例外：事業場の施設・設備や管理状況などが原因で発生した場合は、業務上の負傷にあたる。

③ 事業主の支配下にあるが、管理下を離れて業務に従事している場合（外回りの営業、出張などにより、事業場施設外で業務に従事している場合）

→原則：業務上の負傷にあたる。
　例外：特段の事情がある場合（労働者が積極的に行った私的行為が原因となった場合など）は、業務上の負傷にあたらない。

　なお、最近になって、従業員が、上司の求めにより業務を抜け出して参加した歓送迎会終了後に、研修生をアパートまで送って会社に戻ろうとする途中、交通事故に遭い死亡した事案で、これらが会社から要請された一連の行動の範囲内のものだったとして、「業務災害」にあたると認めた最高裁判例が出されました（最判平成28年7月8日）。社外で開催された懇親会等の前後の事故については、懇親会等への参加が強制されていたかという観点に集中して判断がなされる傾向にありましたが、前後の状況を含めてより実質的に判断しているという意味で、注目すべき判断といえます。

3）疾病の場合

　疾病については、怪我に比べて、いつどのように発生したかが明確ではなく、種類も多様です。そのため、具体的に類型化することは難しく、次のような抽象的な基準が用いられています。

　すなわち、
① 労働の場に有害因子が存在していること
② 健康障害を起こしうるほどの有害因子にさらされたこと
③ 発症の経過および病態が医学的に見て妥当であること
の3要件を満たす場合に、原則として業務上の疾病にあたるとされています。

　ただし、労基則35条・別表第1の2に列挙されている疾病に該当すれば、業務上の疾病にあたるものと推認されるので、それらの疾病を発病した労働者の側で、それ以上の立証を行う必要はありません。

　そこには、業務上の負傷に起因する疾病や、物理的因子にさらされる業務に起因する疾病、化学物質等にさらされる業務に起因する疾病のほか、過労死や精神障害についても列挙されています（過労死や精神障害については、平成22年の労基則改正により、明示的に規定されることになりました）。

　まず、過労死については、「長期間にわたる長時間の業務その他血管病変

等を著しく増悪させる業務による脳出血、くも膜下出血、脳梗塞、高血圧性脳症、心筋梗塞、狭心症、心停止（心臓性突然死を含む。）若しくは解離性大動脈瘤又はこれらの疾病に付随する疾病」として規定されています。

　これらの疾病は、日常生活による諸要因や遺伝等による要因が影響して発症するものです。そのためこれらの疾病を発症したからといって、それが業務上の理由によるものとただちにいえるわけではありません。

　ただ、「業務による明らかな過重負荷が加わることによって、血管病変等がその自然経過を超えて著しく増悪し、脳・心臓疾患が発症する場合があ（る）」という認識のもと、「長期間にわたる長時間の業務その他血管病変等を著しく増悪させる業務」による明らかな過重負荷を受けたことにより、これらの疾病を発症した場合には、業務上の疾病にあたるものとされているのです（「脳血管疾患及び虚血性心疾患等（負傷に起因するものを除く。）の認定基準について」平成22年5月7日基発0507第3号）。

　具体的な基準としては、「発症前1か月間におおむね100時間又は発症前2か月間ないし6か月間にわたって、1か月あたりおおむね80時間を超える時間外労働」等の過重負荷を受けた場合には、これにあたると考えられています。

　また、業務に起因して発症した精神障害も「人の生命にかかわる事故への遭遇その他心理的に過度の負担を与える事象を伴う業務による精神及び行動の障害又はこれに付随する疾病」と規定されています（平成22年改正後の労基則（昭和22年厚生省令23号）別表第1の2九）。

　ここには、過労自殺も含まれますが、それは別の項目（**Q44**「過労による従業員の自殺」）で説明します。

3 通勤災害

　「通勤災害」というのは、業務と密接な関係にある通勤行為中にこうむった災害のことをいいます。以前は、通勤中の労働者は使用者の支配下にないため、通勤途上の災害には業務起因性が認められず、労災保険給付の対象と

ならないと考えられてきましたが、昭和48年の労災保険法改正で通勤災害制度が導入され、通勤災害についても、業務上災害に対するのと同じ内容の保険給付が行われることとなりました（ただし、一定の相違があります）。

ここでいう「通勤」に該当するには、①就業に関連して、②所定の3類型（住居と就業の場所との間の往復、就業の場所から他の就業場所への移動、単身赴任者における赴任先と帰省先住所の間の移動）のいずれかの移動を、③「合理的な経路及び方法」により行うことが必要とされています。

このうち③については、定期券を購入している経路、あるいは、会社に通勤経路として届け出ている一定の経路である必要はなく、特段の合理的な理由もなく著しく遠回りとなるような経路をとる場合でない限りは、「合理的な経路及び方法」と認められることになります。

ただし、逸脱（通勤の途中で就業または通勤と関係のない目的で合理的な経路をそれること）あるいは中断（通勤の経路上で通勤とは関係のない行為を行うこと）があったときは、逸脱・中断の間およびその後の行為は、原則として通勤とは認められません。

（川上　邦久）

Q43 石綿が用いられた工事現場で就労した従業員の発病

当社の従業員だった者が、在職中に石綿（アスベスト）が用いられた工事現場で就労していたために中皮腫に罹患したとして、当社に対して損害賠償を請求してきました。会社としてこのような請求に応じなければならないのでしょうか。

A 会社が従業員を石綿が用いられた工事現場で就労させるにあたり、「安全配慮義務」に違反したとされ、その結果として従業員が中皮腫に罹患した場合には、会社は従業員に対して損害賠償義務を負います。

1 石綿（アスベスト）

石綿（アスベスト）は、耐久性、耐熱性、耐薬品性、電気絶縁性などの特性に非常に優れているうえに、安価なため、「奇跡の鉱物」と呼ばれ重宝され、建設資材、電気製品、自動車、家庭用品等、さまざまな用途に広く使用されてきました。

しかし、空中に飛散した石綿繊維を長期間大量に吸入すると、肺がんや中皮腫の誘因となることが、論文や学会発表で指摘されるようになり、「静かな時限爆弾」とも呼ばれるようになりました。

アメリカでは、1960年代末以降、職業曝露による被災者や、アスベスト含有建材が使われた建物の所有者等による、アスベスト製品を製造・販売したアスベスト企業に対する製造物責任訴訟が頻発するようになり、アスベスト企業の相次ぐ倒産や、その損害を填補する保険会社の経営危機を招くほどになりました。

それに対して、日本は、過去1000万トンのアスベストを消費したといわれる消費大国の一つでありながら、国内でのアスベスト訴訟は、1990年代

末に至るまで、ほとんど見られませんでした。

ところが、平成17年に、大手機械メーカーの工場の周辺住民にアスベスト疾患が発生しているとの報道がなされたことをきっかけとして（いわゆるクボタショック）、大きな社会問題として取り上げられることになり、その後は、一定数の訴訟が起こされるようになりました。

アスベスト疾患の発症までの潜伏期間は、30～50年ともいわれており、石綿の製造作業や解体作業の従事者、あるいは、石綿製造工場の近隣住民のなかにも、石綿繊維の吸引による健康被害を訴える人たちが、数多く見られるようになっています。

2 会社が負う法的責任

さて、ご質問のケースでは、会社が請け負っていた工事現場で石綿が用いられており、そこで従業員を作業させていた、ということですが、このような場合に、会社としては、どのような法的責任を負うことになるのでしょうか。

まず、会社としては、石綿が用いられた工事現場で作業するにあたって、労働安全衛生法や、それに基づいて制定された規則（石綿障害予防規則。平成17年以前は特定化学物質等障害予防規則）等の規制を遵守する必要があります。

ただし、これらの規制は、いわゆる公法上の規制であって、企業とその従業員という民間の当事者同士の法律関係を規定するものではないので、違反した場合には、行政上の処分や刑事罰を受ける可能性があるものの、それが従業員に対する損害賠償責任を直接基礎づけるものにはなりません。

そのほかに、会社としては、従業員に対する義務として、「労働者がその生命、身体等の安全を確保しつつ労働することができるよう、必要な配慮をする」義務を負うこととされています（労働契約法5）。

このような義務を「安全配慮義務」といいます。従来は、この義務を明確に定める規定がありませんでしたが、平成19年に労働契約法が成立した際

に、上記のような明確な規定がもうけられました。

　会社がこの「安全配慮義務」に違反して、従業員に損害を与えた場合、会社は従業員に対して損害賠償義務を負うことになります（債務不履行責任）。

　アスベスト製品を製造・販売したアスベスト企業ではなく、工事等を請け負った使用者に対する安全配慮義務違反に基づく損害賠償請求が問題とされてきたというのが、アメリカと比べたときの、国内のアスベスト訴訟の特徴の一つとされています（ただし、最近では、建築現場でアスベストを吸入したことにより中皮腫等を発症した従業員が、石綿建材を製造販売した建材企業に対して訴訟を提起する建設アスベスト訴訟も多数起きています）。

3 安全配慮義務

1）要件

　それでは、会社が「安全配慮義務」に違反したとして、従業員に対する損害賠償義務を負うのは、どういった場合でしょうか。

　抽象的には、次の①から③の要件が認められる場合に、損害賠償義務を負うことになります。

① 会社に「安全配慮義務」違反があった。
② 従業員に損害が発生した。
③ ①と②の間に因果関係が認められる。

2）安全配慮義務違反について

　まず、①についてですが、これをもう少し具体的にいえば、「労働者の生命、身体等に危険があることを認識し、あるいは認識することができたにもかかわらず、その危険を防止するための措置を講じなかったこと」ということになります。

　ご質問のケースでは、「石綿が用いられた工事現場で従業員を就労させること」により、労働者に健康被害を生じさせることの認識があったか、認識することができたか、ということが問題となります。

　この点について、裁判例では、「生命、健康に対する障害の性質、程度や

発症頻度まで具体的に認識する必要はない」として、「石綿を含む粉じん」によって重大な健康被害が生じることの認識があれば足りるとしたうえで、海外の知見、国内の法令の整備状況、じん肺についての調査研究、海外の知見の紹介状況、新聞報道、土木建設作業従事者のなかのじん肺有所見者数等に照らして、遅くとも昭和37年頃には、石綿を含む粉じんの有する危険性を認識できたとしています（大阪地判平成26年2月7日など）。

これは、アスベストが社会問題として一般に認知された時期から比べると、相当に早い時期といえ、会社に対しては、従業員の生命、健康に対する被害の重要性との関係で、かなり厳しい義務が負わされていることに注意する必要があります。

そして、具体的な安全配慮義務の内容としては、Ⅰ）粉じんが発生・飛散する場所で作業する作業員に対して防塵マスクを支給し、その着用を指示・指導するなどして、作業員に防塵マスクの着用を徹底させ、作業着等に付着した粉じんによる曝露を防止するために、作業後には着衣に付着した粉じんを落とし、皮膚に付着した粉じんを洗い流すように指導をする義務、Ⅱ）作業員に対して石綿を含む粉じんが生命および健康に対して及ぼす危険性について教育をするとともに、定期的に健康診断を行う義務、Ⅲ）特に昭和47年頃以降については、作業を行う建築工事現場で、石綿粉じんが発生する可能性が高い区域には立ち入らないよう作業員に周知し、また、作業に際して発生する石綿粉じんの量を減らすための対策を講じるなど、可能な限り作業員が石綿粉じんに接触する機会を減少するようにする義務、が挙げられています。

上述したように、労働安全衛生法等による規制は、会社が従業員に対して負う義務そのものではありませんが、会社が「安全配慮義務」として、具体的にどのような義務を負うかを判断するにあたっては、これらの規制の内容が参照されることになります。

3）従業員の損害について

②については、従業員が中皮腫に罹患していることが、これにあたります。

4）安全配慮義務違反と従業員の損害との因果関係について

　③についてですが、前提として、「在職中に石綿が用いられた工事現場で就労していたために中皮腫に罹患した」という事実関係が認められる必要があります。

　アスベスト吸引から、アスベスト疾患発症までのメカニズムについては、詳細を明らかにすることができないので、実際にその現場でアスベストを吸引したか（工事現場でアスベストが用いられていたか、従業員の作業内容に照らしてアスベストを吸引したか、など）、中皮腫に罹患する別の原因がないか（他の使用者のもとで勤務していたときを含めて、別の機会に、アスベストあるいは中皮腫の発症誘引となる他の物質を吸引したことがないか、など）が問題になります。

4　消滅時効

　安全配慮義務違反に基づく損害賠償責任が認められたとしても、アスベスト疾患については、アスベスト吸引から発症まで時間がかかるので（上述のとおり潜伏期間は 30 〜 50 年とされています）、消滅時効が問題となります。

　ただ、このように長い潜伏期間を経て症状が現れる損害については、消滅時効期間をどこからカウントするか、消滅時効の援用が信義則上許されるかどうか、といったことが争われることが多いといえます。

（川上　邦久）

第 6 章
福利厚生・安全衛生・労働災害

 過労による従業員の自殺

当社の従業員だった者が過労を苦に自殺してしまいました。遺族から損害賠償の請求を受けた場合、これに応じなければならないのでしょうか。

A　自殺のおおむね 6 か月前までの業務の状況によります。たとえば、自殺直前の 1 か月間におおむね 160 時間を超える時間外労働を行った場合などは、業務以外の部分で自殺に至る理由が見当たらない限り、損害賠償請求に応じざるをえない可能性が高いです。

1 過労自殺

　平成 3 年 8 月 27 日に、大手広告代理店に入社して 2 年目の男性社員が自殺し、その遺族が、会社に長時間労働を強いられたことでうつ病を発症したことが原因で自殺したとして、会社に損害賠償を求めました（いわゆる電通事件）。

　この事件をきっかけとして、過労自殺が社会問題としてクローズアップされるようになり、過労死・過労自殺を理由とする企業への損害賠償請求が、数多く行われるようになりました。

　厚生労働省が公表している統計資料によると、勤務問題が原因・動機の一つと推定される自殺者数は、平成 19 年から平成 23 年までにかけて増加した後で、若干減少に転じているものの、平成 27 年時点でなお 2159 人となっています。

　そのなかで、原因・動機の内容をもう少し詳細に見ると、勤務問題のうち「仕事疲れ」が 3 割を占め、次いで「職場の人間関係」が 2 割、「仕事の失敗」が 2 割弱、「職場環境の変化」が 1 割強となっています。

　業務における強い心理的負荷による精神障害を発病したとする労災請求件数（自殺以外を含む）を見ても、平成 27 年度の請求件数は 1515 件あり、そ

のうち支給決定件数も 472 件（うち未遂を含む自殺 93 件）となっており、過労による精神障害の発症が、今後も大きな社会問題になることが想定されます。

2 安全配慮義務違反

1) 安全配慮義務

さて、ご質問のケースでは、従業員が過労を苦に自殺してしまったということですが、このような場合に、会社としては、どのような法的責任を負うのでしょうか。

過労自殺に関するリーディングケースは、冒頭でも触れた電通事件（最判平成 12 年 3 月 24 日）です。

最高裁は、「労働者が労働日に長時間にわたり業務に従事する状況が継続するなどして、疲労や心理的負荷等が過度に蓄積すると、労働者の心身の健康を損なう危険のあることは、周知のところである。」としたうえで、法令上の規制（労働基準法の労働時間に関する制限や、労働安全衛生法 65 条の 3 の労働者の健康に配慮して労働者の従事する作業を適切に管理するように努めるべきとする規定）にも触れ、使用者は「業務の遂行に伴う疲労や心理的負荷等が過度に蓄積して労働者の心身の健康を損なうことがないよう注意する義務」を負うと判断しました。

この事件の後、平成 19 年には、労働契約法が制定され、会社は、労働契約に伴い、労働者がその生命、身体等の安全を確保しつつ労働することができるよう、必要な配慮をすべき義務を負うものとされました（労働契約法 5）。この義務は「安全配慮義務」と呼ばれ、上述した義務は、「安全配慮義務」の一つの表れと考えられています。

この点に関連し、出向中の従業員に対して、労務の提供先である出向先企業の安全配慮義務を認めるのは当然として、出向元企業についても、出向合意で定められた出向元の権限・責任、労務提供・指揮監督関係の具体的実態等に照らし、出向元による予見可能性および回避可能性が肯定できる範囲で、

安全配慮義務を認めた裁判例が、最近になって登場しています（東京地判平成28年3月16日）。安全配慮義務の認められる範囲を、就労の実態に沿って具体的に判断しているという意味で、注目すべき判断だといえます。

なお、安全配慮義務の前提として、会社は、従業員の労働時間を適正に把握する義務を負うと考えられており、平成27年に再び大手広告代理店で発生した過労自殺事件をきっかけとして、近くこの点を明確にする労働安全衛生法施行規則の改正が予定されています。

2）損害との因果関係

「安全配慮義務」に違反したことを理由とする損害賠償請求が認められるには、安全配慮義務違反と損害との間に、相当因果関係（損害が発生したのは安全配慮義務違反のせいだといえる関係）が認められる必要があります。

ところが、自殺というのは、当然ですが、外形的には、自らの行為によって自らを死に至らしめるというものなので、それが従業員の意思決定に基づくものであれば、会社の安全配慮義務違反と従業員の死亡との間に、相当因果関係が認められないのではないか（従業員が死亡したのは、従業員がそのように意思決定したためではないか）ということが問題になります（労災保険の関係でも、労災保険法12条の2の2第1項で、「労働者が、故意に負傷、疾病、障害若しくは死亡又はその直接の原因となつた事故を生じさせたときは、政府は、保険給付を行わない。」とされており、一見したところ保険給付の対象から外されているので、同様の問題が生じます）。

この点については、安全配慮義務違反による過労で正常な意思決定を困難または不可能にする精神障害を発症し、その精神障害に起因して自殺した場合には、自殺が従業員の正常な意思決定に基づくものとはいえないために、安全配慮義務違反と自殺との間に、相当因果関係が認められると考えられています。

3）労災保険に関する認定基準

それでは、具体的にはどのような場合に、安全配慮義務違反によって発症した精神障害に起因して自殺したとして、安全配慮義務違反を理由とする損

害賠償請求が認められるのでしょうか。

　この点については、実務的には、労災保険に関する行政解釈（「心理的負荷による精神障害の認定基準について」〔平成23年12月26日基発1226第1号〕）が重視され、これに基づく判断が行われています。

　これは本来、労災保険に関するもので、使用者と従業員という民間の当事者同士の法律関係を規律するものではないうえ、法律ではなく単なる行政解釈であるため、裁判所を拘束することもありません。ただ、上記認定基準は、精神医学、心理学、法律学の専門家9名で構成される専門検討会で検討を重ねた結果に基づくものであり、裁判所からも「最高水準の医学的知見を集約したものである」という捉え方をされているため、これが尊重されているのです。

　そこで示されている判断枠組みによれば、次の3要件を満たす場合には、安全配慮義務違反により発症した精神障害に起因する自殺だと認められることになります。

① 認定基準の対象となる精神障害を発病している。
② 認定基準の対象となる精神障害の発病前おおむね6か月の間に、業務による強い心理的負荷が認められる。
③ 業務以外の心理的負荷や個体側要因により発病したとは認められない。

　このうち、②については、「業務による心理的負荷評価表」を指標として、業務による出来事の個別の心理的負荷を評価したうえで、「業務による強い心理的負荷」が認められるかを、総合評価によって判断するという手法がとられることになります。過労に関しては「発病日から起算した直前の1か月間におおむね160時間を超える時間外労働を行った場合等」には、心理的負荷の総合評価を「強」と判断するものとされています。

　他方で、③については、「業務以外の心理的負荷評価表」を指標として、業務以外の出来事（離婚、親類の病気・死亡、金銭トラブル等）の心理的負荷を評価したうえで、精神障害に起因する自殺との因果関係を検討する、ということになります。

ただ、判断枠組みが共通しているからといって、労働基準監督署による労災認定と民事の損害賠償請求訴訟が、必ず同じ結論になるというわけではなく、別々の判断になることもあります。

　たとえば、大手家電量販店の新規開店にあたりフロア長となった従業員の自殺に関する、平成28年の裁判例では、労働基準監督署が労災認定したのに対し、裁判所は、安全配慮義務違反を理由とする損害賠償責任を否定しています（前橋地高崎支判平成28年5月19日）。このケースでは、開店予定店舗への赴任後約2週間という短期間で自殺に至っており、労働時間だけでは極めて強い業務上の心理的負荷があったとまでは評価しづらいことに加え、そのほかに強い業務上の負荷が生じていたことを示す立証がなされていないということで、このような結論になっています。

　いずれにしても、従業員の過労自殺を防止するために、何よりも大事なのは、当然のことですが、日常的な従業員の健康管理および労働時間管理です。この点の管理がしっかりできているか、改めて再確認してみてください。

（川上　邦久）

第7章

労働契約の終了

退職

Q45 従業員からの退職申入れの拒絶

当社の就業規則には「退職を希望する従業員は、3か月前に所定の様式による退職願を提出しなければならない」とあります。次のような場合、当該退職申入れについて、受け入れる必要がないものとして拒絶することはできるでしょうか。

❶ 従業員が本日付で退職したいという退職願を提出してきた。
❷ 従業員が本日付で退職したいというメールを直属の上司宛に送ってきた。

A 　従業員との雇用契約が期間の定めのないものであれば、「本日付」での退職は拒絶できますが（ただし、申入れの日から2週間経過後あるいは翌月以降には契約は終了します）、期間の定めがある場合には、やむをえない事情がない、あるいは契約期間の経過が1年未満の場合には、拒絶できます。なお、法的には、退職の意思表示に様式は不要なので、退職の意思が明確であれば直属の上司宛のメールでも有効です。

1 労働契約の終了事由

　労働契約の終了事由は、大きく分けると解雇とそれ以外があり、後者についてはさらに、期間の定めある労働契約における期間の満了、合意解約、辞職、定年、当事者の消滅（労働者の死亡、使用者〔法人〕の消滅）があります。
　ご質問の従業員による退職の申出は、上記のうち、辞職にあたります。

2 辞職の内容

　辞職とは、労働者の一方的な意思による労働契約の解約をいいます。
　期間の定めのない契約においては、労働者はいつでも解約を申し入れることができ、その日から2週間経過すれば契約は終了します（民法627①）。要は、2週間の予告期間を置けば解約できる、ということです。解約には理由を要しません。ただし、たとえば月給制のような期間で報酬を定めた場合には、解約の申入れは次期以後についてすることができ、かつこれを当期の前半までに行う必要があります（民法627②）。
　一方、期間の定めのある契約においては、解約の申入れにはやむをえない事由が必要で、それが労働者の過失に基づく場合、それにより使用者に損害が生じたときはこれを賠償する義務を負います（民法628）。ただし、労働基準法附則137条により、期間が1年を超える労働契約については、その初日から1年を経過した日以後は、いつでも解約できます。

3 法律の規制と就業規則

　解約の申入れにあたり、法律の規制としては❷で見たとおりで、様式（方法）等、その余の規制はありません。一方、会社のほうでは、就業規則により様式（退職届）を定めたり、期間についても法律の規制よりも加重した要件を課したりする場合が、少なからずあります。
　まず前者（様式）の点ですが、これは解約の意思を明確にするという趣旨であればこの規制自体が違法や無効ということはありませんが、法律上は解約の申入れに何ら様式は問われていないので、様式に従っていないというだけの理由で解約の申入れを拒絶することは許されません。
　次に期間の点ですが、これは既述の民法の規定を強行規定（法律の規定と異なる合意をしてもその効力が認められないもの）と解するか否かの争いがありますが、仮にこれを任意規定と解するとしても、法律の規制よりも加重した要件を課す場合には、労働者の退職の自由を制限することになるので、公

序良俗に反し無効（民法90）と判断される場合が多いものと思われ、結論にそれほど大きな差は生じないものと思われます。

4 損害賠償

期間の定めのある契約においては、既述のとおり、やむをえない事由があっても労働者に過失があると損害賠償責任を負担する場合があるほか、やむをえない事由のないまま出社しなくなった場合も損害賠償として処理されることになりますが、労働者の損害賠償責任を認めた裁判例はほとんどありません。

ただ、期間の定めのない契約の場合ですが、2週間の予告期間を置かずに退職したケースで労働者の損害賠償責任を認めたケイズインターナショナル事件（東京地判平成4年9月30日。ただし、労働者が任意に認めた200万円の支払義務について、信義則を適用して70万円に減額）があります。

5 ご質問のケースへの回答

まず、従業員が本日付で退職したいという退職願を提出してきた場合ですが（Qの❶）、これは前記 2 の説明のとおり、当該労働者との労働契約に期間の定めがあるか否かで場合が分かれます。

期間の定めのない場合には、労働者はいつでも解約を申し入れることができますが、その解約申入れには2週間の期間を置く必要があるので、本日付での退職は拒絶することができます（ただし、2週間が経過した時点での退職は拒絶できません）。そして、貴社が、たとえば月給制であれば、労働者が当月の前半（15日）までに解約の申入れをしていなければ次期以降の退職を認める必要はありません（申入れが当月の後半になる場合、退職の発生は次々期以降になります）。

期間の定めがある場合には、やむをえない事情があるか否かで判断することになりますが、期間が1年以上の場合には、その初日から1年を経過した日以後は、いつでも解約することができるので、この場合には退職を拒絶で

きません。

　なお、前記❸の説明のとおり、いずれの場合についても、就業規則上の「3か月前」の告知の規定をもって退職を拒絶することはできないと考えられます。

　次に、従業員が本日付で退職したいというメールを直属の上司宛に送ってきた場合ですが（Qの❷）、期間の点はQの❶の場合と同様です。メールでの申入れが適法か否かですが、前記❸の説明のとおり、法律上、解約の申入れに様式は求められていないことから、労働者の解約の意思が明確である限り、就業規則の様式を満たしていないことをもって退職を拒絶することは許されないということになります。

　なお、Qの❶❷いずれの場合についても、一定の場合に労働者に損害賠償を請求できることは、前記❹のとおりです。

（中井　寛人）

Q46 同業種企業への転職禁止規定に反した転職

当社の就業規則には、退社後2年間は競業他社に転職することを禁止する旨の規定があります。ところが、先ごろ退社した従業員が、この転職禁止規定に反して、競業他社に就職したことが発覚しました。元従業員に対して何か請求できないでしょうか。

A 就業規則に競業避止義務に関する明確な規定がある場合には、①退職金の減額・没収、②競業行為の差止請求、③損害賠償請求、をなしうる可能性があります。また、損害賠償請求については、就業規則に規定がない場合にも、競業行為の態様により不法行為に基づいてこれを行うことができる場合があります。

1 競業避止義務

競業避止義務とは、労働者が、労働契約の存続中、使用者の利益に反する競業行為を差し控える義務をいいます。

退職後の競業避止義務については、労働者に職業選択の自由があることから、労働契約存続中とは異なり、一般的に競業避止義務を認めることはできず、法令の定めや当事者間の特約(就業規則における退職後の競業避止義務の定めや誓約書等による労働者の競業避止義務の誓約等)がある場合に、合理的な範囲でのみ認められる、ということになります。ただ、不法行為に基づく損害賠償請求については、特約がなくても認められる場合があります。

2 競業避止義務の定めの合理性

以上のように、退職後の競業避止義務については合理的な範囲で認められることになりますが、具体的には、使用者による退職後の競業制限の必要性、これによって生じる従業員の不利益の内容および程度、並びに代償措置の有

解 雇

Q49 解雇(従業員としての適格性の欠如:普通解雇)

以下のような事情から、当社への貢献度が低い従業員を、普通解雇にすることは可能でしょうか。

❶ 欠勤・遅刻・早退を繰り返している。
❷ 勤務成績が著しく不良である。
❸ 重大な疾病により勤務継続が困難となった。

A ❶❷ 勤怠不良(Qの❶)、勤務成績不良(Qの❷)により解雇できるかは、そのような事実が存在することに加えて、その不良の内容や程度、会社側の指導・教育状況等により結論が異なると思われます。

A ❸ 重大な疾病による勤務継続困難による解雇(Qの❸)は、そのような事実が存在すれば、基本的には解雇できると思われます。

1 解雇とは何か

解雇とは、期間の定めのない雇用契約において、期間の定めのない雇用契約はいつでも解約できるという原則(民法627①)のもとで、使用者側から行う雇用契約の解約のことをいいます。

2 解雇に関する労働契約法・労働基準法上の規制

1)労働契約法16条(解雇の一般原則)

客観的に合理的な理由を欠き社会通念上相当と認められない解雇は、その

権利（解雇権）を濫用したものとして無効とされます。

2）労働基準法19条（解雇禁止）

業務上の傷病による療養休業期間およびその後30日間、並びに産前産後の女性の労働基準法65条による休業期間およびその後30日間は、次の例外に該当する場合を除き、解雇できません。

① 業務上の傷病により療養中の労働者が療養開始後3年を経過しても治らない場合に打切補償（労働基準法81）を行う場合。

② 天災事変その他やむをえない事由によって事業の継続が不可能となった場合で、その事由について行政官庁（労働基準監督署長）の認定を受けた場合。

3）労働基準法20条（解雇の予告）

解雇する場合には、少なくとも30日前にその予告をするか、予告をしないときには30日分以上の平均賃金を支払わなければなりません。

3 就業規則・労働協約による解雇の規制

1）就業規則による規制

① 就業規則（就業規則の作成等については **Q28** 参照）には解雇事由を記載する必要があります（労働基準法89三）。

② 就業規則に規定された解雇事由は限定列挙（そこに規定された解雇事由以外では解雇できない）と解釈される可能性が高く、その意味で使用者の解雇権は制限されることとなります。

もっとも、解雇事由のなかに「前各号に規定する解雇事由に準ずる事由が認められる場合」というような包括的な条項をもうけることは許されるので、そのような規定がある場合には、実際上、かなり広範な解雇事由を定めることは可能です。

しかし、ある労働者に何らかの問題が認められるとしても、それに対して解雇をもって臨むことが可能となるのは、そのような問題（＝事実）を解雇事由として定めている就業規則の規定が必要ということに変わりはありませ

ん。就業規則上、何の根拠もなく解雇をすることはできません。

そこで、解雇に際しては、問題となっている事象（労働者の非違行為等）を対象とする解雇事由（解雇の構成要件）が就業規則に定められていることが出発点になります。

③　解雇をするには、就業規則に定められた解雇事由（解雇の構成要件）に該当する事実が、労働者に認められること（証明できること）が不可欠です。

解雇事由が存在することを、使用者側が証明できなければ訴訟では敗訴することとなるので、解雇事由の存在については十分に調査のうえで、どこまでを客観的資料によって証明できるかという観点での検討が不可欠といえます。

2）労働協約による規制

労働協約（労働協約の意義や効力については **Q20** の❸参照）には規範的効力があり（労働組合法16）、協約違反の解雇は認められません。

労働協約の規範的効力とは、協約で定められた労働条件その他労働者の待遇に関する事項は、当該組合の組合員である個々の労働者と使用者間の労働契約の内容になるということですが、労働協約が解雇に何らかの制限を加える条項を含むときは、その条項により解雇が制限されるということです。

4　解雇権濫用法理（労働契約法16）

1）解雇権濫用法理とは何か

解雇に際しては、前記のとおり、就業規則に規定される解雇事由への該当性が認められる（証明できる）ことが必要です。

しかし、これが認められても、次に、その相当性が問題となります。すなわち、当該解雇について、客観的に合理的な理由を欠き社会通念上相当と認められないかどうかという問題です（前記の労働契約法16条による解雇の一般原則）。

就業規則に規定されている解雇事由への該当性が認められても、事案の具体的内容から解雇は苛酷であると評価される場合や、他の労働者の同種の行

為に対して解雇が行われたことがないという場合もあります。このような場合には、使用者による解雇権行使は権利の濫用であり無効であるとするのが、これまでの判例・通説であり、労働契約法16条はこれを法律上も明文化したものです。

2）客観的に合理的な理由の判断要素

具体的に、どのような場合に客観的に合理的な理由を欠いて解雇が無効とされるかはケースバイケースの判断になりますが、一般的には、以下に挙げる①～⑥のような点を判断材料にしていると思われます。このような判断要素について、それを具体的事案ごとに、総合的かつ相関関係的に検討して判断している（バランス論的判断）ように思われます。

なお、次の①から③が中心的要素、④はそれらに与える影響に関する付随的要素、⑤と⑥はその他の付随的要素といえるでしょう。

① 解雇事由とされる労働者の非違行為、問題行為の内容。
② 労働者の非違行為、問題行為が会社に現実に与えた損害もしくは迷惑の内容や程度。
③ 会社に損害等が現実には発生していない場合には、発生の危険性や程度。
④ 当該労働者の役職や職務内容。
⑤ 他の労働者の同種行為に対する会社の対応状況。
⑥ 当該労働者の生活に与える影響その他の事情。

5 勤怠不良による解雇（Qの❶）の留意点

1）就業規則上の根拠と構成要件該当性

解雇に際しては、就業規則に規定される解雇の構成要件に該当することが出発点であることは前記のとおりなので、就業規則が、勤怠不良を解雇事由としていること（「勤怠が著しく悪いとき」というような解雇事由の存在）が出発点となります。

そのような解雇事由が定められており、かつ、勤怠不良に関する事実が存在する場合には（証明可能であることも必要です）、少なくとも外形的には、

第7章
労働契約の終了

度の職場秩序紊乱)。

② 解雇するには、少なくとも30日前にその予告をするか、30日分以上の平均賃金（予告手当）を支払わなければなりません（労働基準法20①）。

しかし、例外として、懲戒解雇相当の事由があるときは（労働者の責めに帰すべき事由があると認定できる場合）、行政官庁（労働基準監督署長）の認定を受ければ、予告期間も予告手当も不要で即時解雇できます（労働基準法20①但書、③）。

なお、懲戒解雇相当の事由があるときでも、行政官庁の認定を受けなければ即時解雇できません。

また、行政官庁の認定を受けたからといって、裁判でも懲戒解雇が有効と認められるというわけでもありません。裁判では、行政官庁の認定手続きとはまったく別に審理が行われ、裁判所は行政官庁の認定に拘束されることなく懲戒解雇の有効・無効を判断します。

③ 懲戒処分を行うには、あらかじめ就業規則に懲戒の種別および事由を定めておかなくてはならない（前掲のフジ興産事件判決）ことから、懲戒解雇については、問題となっている労働者の非違行為等を対象とする懲戒解雇事由（懲戒解雇の構成要件）が就業規則に定められている必要があり、それが出発点になります。

④ 前記①の客観的に合理的な理由の判断要素としては次のa)〜f)のような点が考えられますが、これも前記のとおり懲戒解雇は、「極刑」といわれるほどに重い処分なので、a)からc)は普通解雇以上に重大、深刻なものであることを要すると思われます。

a) 懲戒解雇事由とされる労働者の非違行為、問題行為の内容。

b) 労働者の非違行為、問題行為が会社に現実に与えた損害もしくは迷惑の内容や程度。

c) 会社に損害等が現実には発生していない場合には、発生の危険性や程度。

d) 当該労働者の役職や職務内容。

e) 他の労働者の同種行為に対する会社の対応状況。

f) 当該労働者の生活に与える影響その他の事情。

3 秘密漏洩による懲戒解雇（Qの❶）の留意点

1) 就業規則上の根拠と構成要件該当性

懲戒解雇に際しては、就業規則に規定される懲戒解雇の構成要件に該当することが出発点であることは前記のとおりですから、就業規則が、秘密漏洩を懲戒解雇事由としていることが出発点となります。

また、秘密漏洩を懲戒解雇事由としていない場合は、「故意・過失等により会社に損失または損害を与えたとき」というような懲戒解雇事由が定められていれば、秘密漏洩によって会社に損害が生じたときは、懲戒解雇の構成要件に該当する可能性が出てきます。

そのような懲戒解雇事由が定められており、かつ、秘密漏洩の事実や秘密漏洩により会社に損害が生じたという事実（いずれも証明可能でなくてはなりません）があれば、少なくとも外形的には、懲戒解雇事由に該当するといえます。

2) 解雇権濫用・解雇の相当性

a) 漏洩された「秘密」の内容

たとえば会社が秘密指定しているというように、単に形式的に「秘密」に該当するというだけでは、懲戒解雇の相当性という観点からは不十分と思われます。それが漏洩すると、一般的に考えて会社に深刻な影響を与えるというように、実質的に見ても客観的価値のある「秘密」でなくてはならないと思われます。

b) 会社に与える影響

漏洩された「秘密」が重要な営業秘密であり会社業務に与える影響が極めて重大というような場合には、基本的には懲戒解雇相当と思われます。

例外的には、会社の「秘密」管理が不十分であり懲戒対象者が、それを「秘密」と認識することが困難だったというような事情があるときは、会社側の

落ち度や当該労働者の役職や職務内容に照らして懲戒解雇の相当性が否定される可能性もあると思われます。

なお、会社側の落ち度と当該労働者の役職や職務内容の関係について一言つけ加えると、役職が上位の者であれば会社側に落ち度があっても懲戒解雇の相当性がその落ち度により否定される可能性は小さいと思われますが、新入社員等であれば会社側の落ち度により懲戒解雇の相当性が否定される可能性が大きくなると思われます。

他方、「秘密」の具体的内容や漏洩の具体的様相によっては、会社業務に与える現実の影響が少ない場合もあります。これは懲戒解雇の相当性が否定される材料になると思われます。

要は、形式的な規律・規則違反があるというだけでは不十分であり、会社業務に実質的な支障または損害等を生じさせているという点（実質的な支障や損害等の発生または発生のおそれの有無や、発生または発生のおそれのある損害等の内容や程度）が重要と思われます。

4 悪質なセクハラによる懲戒解雇（Qの❷）の留意点

1）就業規則上の根拠と構成要件該当性

ここでも就業規則が、セクハラ行為を懲戒解雇事由としていること、そのような懲戒解雇事由が存在しない場合には、就業規則のなかの服務規律規定がセクハラ禁止を定め、かつ、懲戒解雇事由として重大な服務規律違反が定められていることが、出発点となります（セクハラやセクハラを理由とする懲戒一般については、**Q26**、**Q38** も参照してください）。

そのような懲戒解雇事由が定められており、かつ、セクハラ行為の事実が存在する場合には（証明できることも必要とされます）、少なくとも外形的には、懲戒解雇事由に該当するといえます。

また、悪質なセクハラが犯罪行為に該当するときは、刑罰法規に触れる行為を懲戒解雇事由とする場合にも、そのような懲戒解雇事由に該当するといえます。

2) 解雇権濫用・解雇の相当性

　セクハラ行為が犯罪（強姦、強制わいせつ等）に該当するときには、よほどの事情がない限り懲戒解雇の相当性は肯定されると思います。

　よほどの事情がどのような事情を指すかは難しいですが、「被害者」の承諾があると誤信し、その誤信もやむをえないといえるような犯罪成立に疑問が生じかねないような場合は、これにあたると思います。

　「悪質」ではあっても、そこまでに至らない場合には、次のa）〜e）のような点の相関関係的な判断になると思われます。判断要素に関する参考判例として、普通解雇（懲戒解雇ではありません）を有効としたX社事件判決（東京地判平成12年8月29日）、懲戒解雇を無効としたY社事件判決（東京地判平成21年4月24日）があります。

a）　行為の具体的内容から見る悪質性の程度

① 言葉によるセクハラか身体接触を伴うものか。
② 1回限りか反復継続的か。
③ セクハラ行為の時間・場所と業務との関連性。

　たとえば、勤務時間中に他の従業員も在室する執務室での言動か、夜間等でほかに人のいない「密室」的状況での言動か、あるいは、勤務時間外の宴席でのセクハラかというような点です。

b）　当事者の関係から見る悪質性の程度

　たとえば、上司の部下に対するセクハラというように職制上の優位性を利用したものかというような点が重要です。

　なお、加害者の職制上の地位が高いほど、懲戒解雇の相当性が肯定される材料になると思われます。

c）　セクハラ発覚後の加害者の態度、加害者に対する過去の注意・指導等の状況から見る悪質性の程度

　たとえば、反省の態度を示しているか、それとも通報者捜しをしているか、過去に同種の事案で注意・指導、あるいは懲戒処分を受けているかというような点です。

また、会社のセクハラ防止への取り組みや制度、そのなかでの加害者の職責等も判断要素になると思われます。加害者が会社のセクハラ防止への取り組みを担う実務上の責任者というような場合には、過去に同種の注意・指導、懲戒処分歴がなくても、懲戒解雇の相当性が肯定される材料になると思われます。

d) **被害者の状況・被害感情等から見る悪質性の程度**

たとえば、被害者の心身の健康に害を及ぼしているか、被害者の困惑等の有無や程度、被害感情や加害者に対する嫌悪感の程度というような点です。

e) **業務に与えた影響**

上記 a)～d)の結果としての就業環境悪化や職場秩序紊乱の有無や程度、業務の停滞や士気の沈滞化の有無や程度というような職場や業務に与えた悪影響の有無や程度が、懲戒解雇の相当性判断では重要になると思われます。

（今村　哲）

Q51 解雇（会社側の事情による場合：整理解雇）

当社は業績不振から、従業員の一部を整理解雇して人員整理を行うことを検討しています。どのような場合であれば、整理解雇が法的に許されるでしょうか。

A 法的に有効な整理解雇を行うには、整理解雇の4要素（あるいは4要件）と呼ばれる判断要素を検討する必要があります。

1 解雇一般について

1) 解雇に関する一般的な規制あるいはルール

整理解雇は解雇の一種です。

解雇一般に関する規制あるいはルールついては、**Q49**「解雇（従業員としての適格性の欠如：普通解雇）」の解説を参照してください。

2) 解雇事由

解雇に際しては、就業規則に規定される解雇事由への該当性が認められること（証明できること）が必要になります（前記 **Q49** の解説参照）。

そして、この点は整理解雇でも同様です。つまり、法的に有効な整理解雇の第一歩は、「経営上の理由により人員削減の必要があるとき」というような解雇事由が就業規則に規定されていることです。

3) 解雇の相当性

就業規則に規定される解雇事由への該当性（整理解雇でいえば「経営上の理由により人員削減の必要がある」という事実）が存在しても、次に、その相当性が問題となります。解雇の一般原則として、客観的に合理的な理由を欠き社会通念上相当と認められない解雇は、その権利を濫用したものとして無効とされるというルールです（労働契約法 16）。

解雇の相当性が求められる点でも、整理解雇とその他の解雇は異なりませ

ん。整理解雇がその他の解雇と異なるのは、以下に述べるように整理解雇の特質からくる解雇の相当性判断の中身であるといえます。

2 整理解雇の特質

解雇事由に関して、いわゆる整理解雇（企業の経営不振等を理由とする人員削減のための解雇）とそれ以外の解雇事由は、その本質が異なります。それが前記の解雇の相当性の問題に影響を与えるといえます。

つまり、整理解雇以外の解雇事由は、労働者に何らかの非あるいは原因がある場合といえます。たとえば、業務命令違反は労働者に非がある場合ですし、長期の私傷病欠勤は労働者に非があるとはいえなくても原因は労働者にあります。また、成績不良も労働者の非とはいえないとしても、やはり原因は労働者にあります。

これに対し、整理解雇の場合には、解雇を必要とする原因は企業の経営状態悪化等の、もっぱら使用者側の問題であって、労働者に非あるいは原因はありません。

そこで、整理解雇の場合には、相当性の問題もしくは相当性の判断において、何の非もない労働者を解雇することを正当化するだけの強い理由が求められることになるといえます。そのような観点から、整理解雇の場合の解雇権濫用を判断する際の、類型的判断要素を示したものが、整理解雇の4要素（あるいは4要件）といわれるものです。

3 整理解雇の4要素（あるいは4要件）

整理解雇の有効性に関する判断要素は次の4つとなります。

1）人員整理の必要性

人員削減措置の実施が不況、斜陽化、経営不振等の企業経営上の十分な必要性に基づいているか、やむをえない措置といえるか、ということです。

倒産必至の状況までは必要とされませんが、高度の経営上の困難から当該措置が必要とされる事情は必要とされます。この必要性が認められない場合

には、ほかの点を検討するまでもなく整理解雇は無効といえます。

しかし、裁判所の判断傾向として、「合理的な経営者」の判断は尊重している傾向があるといわれます。裁判所は、一事業部門の閉鎖（東洋酸素事件・東京高判昭和54年10月29日）、業務縮小に伴う対象部署における特定のポジション（職務上の地位）の消滅（ナショナル・ウエストミンスター銀行事件・東京地決平成12年1月21日）の事案で、整理解雇を有効と認めています。

他方、この必要性が否定される典型的ケースとしては、整理解雇の直後に大幅な賃上げ、株主への高率の配当、大量の新規採用を行ったというように（多数の新規採用の事例として泉州学園事件・大阪高判平成23年7月15日）、明らかに矛盾した経営行動がとられた場合があります。

なお、新規採用の停止、遊休資産の売却、その他の経費削減は、次の解雇回避努力を尽くしたかという点で問題とされることも多いですが、裁判例では、そのような措置を検討したうえでも人員整理の必要性があるかというように、必要性の判断材料としている例も多いと思われます。

2) 解雇回避努力を尽くしたか

配転、出向、希望退職者募集等のほかの手段によって整理解雇を避ける努力を行ったかということです。

前記の人員整理の必要性の内容が、経営状態の急激な悪化により人件費削減に高度の必要性があるというような場合は別と思われますが、余剰人員を生じた場合などのように、そのような高度の必要性までは認められない場合は、配転等による解雇回避が求められるといえます（配転可能性の検討が不十分とされた事案として東洋印刷事件・東京地判平成14年9月30日）。

また、経営状態悪化による場合も含めて、希望退職者募集を行わずに整理解雇に踏み切った事案では解雇権濫用の判断がされること（ロイズ・ジャパン事件・東京地判平成25年9月11日）が多いともいわれますが、画一的に希望退職者募集が必須の要件として求められているわけではありません。

前掲の東洋酸素事件判決は、ある事業部門の閉鎖に伴い当該事業部門所属の労働者を解雇した事案ですが、全社的な希望退職者募集を行わなくても整

理解雇は有効としています。また、ナショナル・ウエストミンスター銀行事件決定（この事件は仮処分事件なので裁判所の判断は「決定」という裁判形式になります）も、希望退職者募集なしに行った解雇を有効としています。

3）人選の合理性

被解雇者の選定について、客観的で合理的な基準を設定し、これを公正に適用して行ったかということです。

選定基準の設定については、考え方を異にするいくつかの系統の基準がありえます。

たとえば、解雇による経済的打撃ができるだけ少ない者を対象にする場合には、中高年を避け若年者が対象になりやすいといえます。また、被解雇者をできるだけ少なくするために賃金が割高な者を対象にする場合には、中高年が対象になりやすいといえます。そのいずれをとるかについても、裁判所は、基本的には経営者の判断を尊重しているように思われます。

人選の合理性が否定される場合としては、選定基準そのものが明らかに客観性を欠いていると思われる場合のほかに、選定基準そのものは合理的でも、その適用を誤っている場合が挙げられます。

ある事業部門を閉鎖することに伴う整理解雇で、「閉鎖される事業部門に属する者」という選定基準を設定したという例で説明しましょう。この場合、上記の選定基準は是認されても、具体的な被解雇者の選定として当該事業部門に属するとはいえない者を対象にしたような場合が、その適用を誤っている場合となります。たとえば、被解雇者の選定時点で、ある労働者は当該事業部門で働いていたものの、その者は本来一時的に当該事業部門に勤務していただけで（たとえば何らかの特殊作業のために当該事業部門で勤務していた）、元の所属部署での仕事は依然としてあるという場合には、その労働者に対する解雇だけは無効とされることもあります。

4）手続きの相当性

労働組合または労働者との間で、整理解雇の必要性や、時期、規模、方法等について十分な説明・協議を尽くしたかということです。

なお、この問題は、労働協約上（労働協約については**Q20**「労働条件の変更」の3を参照）、解雇あるいは人員整理について使用者に組合との協議を義務づける条項がある場合（人事同意約款あるいは解雇同意約款）の問題とは区別されます。このような労働協約上の義務がある場合には、十分な協議を経ずになされた解雇は協約違反の解雇として無効とされます。

これに対して、ここでの手続きの相当性とは、上記のような協約上の義務が課せられていない場合でも、整理解雇の必要性等について誠意をもって説明・協議を行う必要があることを意味しています。これはある意味では、整理解雇が一方的かつ労働者への説明もないままに強行されたことで、権利の濫用だと非難されないための、担保の手続きだともいわれています。

4 整理解雇の要件か判断要素か

前記の整理解雇の4要素あるいは4要件と呼ばれるものは、それがすべてそろわなければ整理解雇が認められないという意味での要件ではなく、解雇の相当性を検討するうえでの判断の要素であると考えられます（前掲のナショナル・ウエストミンスター銀行事件決定）。

たとえば、人員整理の必要性が極めて高度で緊急性があれば、解雇回避努力として通常は求められる希望退職者募集をしなくても解雇の合理性が肯定されるケースは、（判例の一般的傾向からすれば）ありうると考えられます。

また、手続きの相当性としては、通常は労使間の十分な協議が求められますが、これもその他の要素が十分にそなわっていると思われる事案では、整理解雇の必要性や人選基準の説明のみで足りるとされることもあると思われます（前掲の東洋酸素事件判決）。

そのような意味で、これら4つの事項は類型的判断要素であり、また解雇に関する判断はさまざまな事情を比較考量したうえでする相関関係的判断であると考えられます。

（今村　哲）

Q52 解雇の手続き

従業員を解雇する場合、手続き面での注意点を教えてください。

A 解雇の手続きとしては、労働基準法20条による解雇の予告または予告手当支払いを必要とします。また、解雇もしくは解雇予告を受けた労働者が解雇理由の証明書を請求してきたときは、労働基準法22条により遅滞なくこれを交付しなければなりません。そのほかには、解雇する場合には労働組合との協議や同意を要する旨が労働協約で定められているときは、その協約の定めに従った手続き（協議）が必要となります。

1 解雇の手続きについて知っておくべきこと

解雇とは、期間の定めのない雇用契約において、期間の定めのない雇用契約はいつでも解約できるという原則（民法627①）のもとで、使用者側が行う雇用契約の解約のことをいいます。

この解雇を行うには、解雇事由との関係でさまざまな規制あるいはハードルがありますが（解雇事由との関係での問題については **Q49～51** の解説を参照）、ここで取り上げるのは手続き面での問題です。

2 労働基準法20条による解雇の予告または解雇予告手当支払い

1）原則としての解雇予告または解雇予告手当支払い

解雇する場合には、少なくとも30日前にその予告をするか、予告なしで解雇するなら30日分以上の平均賃金を支払わなければなりません（労働基準法20①本文）。

予告期間（日数）と予告手当は、平均賃金1日分の予告手当を支払えば予告日数は1日短縮されるという関係になります（労働基準法20②）。たとえ

ば解雇の15日前に解雇の予告をした場合は15日分以上の平均賃金を支払うことになります。

2）1）の例外
以下の場合には上記原則の例外として解雇予告等は不要です。

a)　次の事由がある場合に行政官庁(労働基準監督署長)の認定を受けて即時解雇できる場合(労働基準法20①但書)

　イ　天災事変その他やむをえない事由によって事業の継続が不可能となった場合。

　ロ　労働者の責めに帰すべき事由がある場合（典型的には懲戒解雇事由がある場合）。

b)　解雇予告制の例外とされる次の労働者に対する場合(労働基準法21本文)

　イ　日々雇い入れられる者

ただし、1か月を超えて引き続き使用されるに至った場合は、例外の例外で原則に戻ります（労働基準法21但書）。つまり、解雇予告等が必要です。

　ロ　2か月以内の期間を定めて使用される者

ただし、所定期間を超えて引き続き使用されるに至った場合は、上記同様に原則に戻って解雇予告等が必要です（労働基準法21但書）。

　ハ　季節的業務に4か月以内の期間を定めて使用される者

ただし、所定期間を超えて引き続き使用されるに至った場合は、上記同様に原則に戻って解雇予告等が必要です（労働基準法21但書）。

　ニ　試用期間中の者

ただし、14日間を超えて引き続き使用されるに至った場合は、上記同様に原則に戻って解雇予告等が必要です（労働基準法21但書）。

なお、この点に関して、新規採用にあたって試用期間をもうけた場合でも、14日間を超えて引き続き使用されるに至った後に本採用拒否（法的には解雇）をするには、手続き面の問題として解雇予告または解雇予告手当支払いが必要ということになります。たとえば3か月の試用期間をもうけたうえで就労

開始し、それから1か月経過後に本採用を断念して解雇する（本採用拒否）場合には、解雇予告または解雇予告手当の支払いが必要ということです（本採用拒否に関する問題については**Q5**参照）。

3) 解雇予告または解雇予告手当支払いを行わない解雇

a） 付加金の支払い（労働基準法114）

解雇予告も行わず、解雇予告手当も支払わないでした解雇に対して、解雇された労働者が解雇予告手当の支払請求を含む訴訟を提起した場合の問題です。

裁判所は、解雇予告手当の支払請求に理由があると認めるときは、未払いの解雇予告手当に加えて、最大でこれと同額の付加金の支払いを命ずる判決をすることができます。この場合、使用者は、労働基準法を遵守していた場合の支払額（払うべき解雇予告手当を払っていた場合の金額）に比べ、最大で倍額の負担を強いられることになります。

b） 解雇予告または解雇予告手当支払いを行わない解雇の効力

使用者が即時解雇に固執しているのでない限り、解雇通知後30日を経過するか、解雇通知後に解雇予告手当の支払いがあれば、そのいずれか先の時点で解雇の効力が生じるとするのが判例です（細谷服装事件・最判昭和35年3月11日）。

3 労働基準法22条による解雇理由の証明

1) 解雇理由証明書の交付義務

解雇された労働者もしくは解雇予告を受けた労働者から、解雇理由についての証明書の請求があるときは、遅滞なくこれを交付しなければなりません（労働基準法22①、②）。

これは厳密にいえば解雇の手続きとは異なりますが、解雇に際して必要となる可能性のある事項ではあります。

2) 解雇理由証明書の作成上の留意点

合理的理由を欠く解雇は無効とされるので（解雇一般に関する解雇の合理的

理由については**Q49**「解雇（従業員としての適格性の欠如：普通解雇）」の解説を参照）、この解雇理由に関する証明書は、後日の裁判にそなえるものとして使われる可能性があります。

そして、解雇の裁判では、この証明書に記載された事項のみが解雇理由として扱われ、証明書に記載されない理由については、裁判で主張しても後づけの理由として当該解雇の理由としては認められない可能性が高いといえます。

そこで、会社側としては、この証明書に記載する解雇理由が合理性を有するかどうか、裁判で十分に証明できるかどうかが重要な問題になるので、この証明書を請求された場合には、訴訟となる現実的可能性があるものとして、上記の点の確認とともに専門家にも相談することが望ましいと思われます。

4 労働協約による解雇同意約款等に基づく手続き

使用者（会社）と労働組合が労働協約（労働協約については**Q20**「労働条件の変更」の❸を参照）を締結しており、その労働協約に、解雇について使用者に労働組合との協議を義務づける条項がある場合の問題です。

このような労働協約上の約款は人事同意約款あるいは解雇同意約款などと呼ばれますが、解雇について使用者に労働組合との協議を行う義務がある場合には、十分な協議を経ずになされた解雇は協約違反の解雇として無効とされます。

（今村　哲）

第 8 章

労働紛争対応

Q53 団体交渉への対応

当社には労働組合はありませんが、退職した従業員が加入していたという外部の労働組合から団体交渉の申入れがありました。

❶ 団体交渉に応じなければならないのでしょうか。
❷ 団体交渉には誰が出席すべきでしょうか。
❸ 団体交渉はいつ、どこで実施すべきでしょうか。
❹ 団体交渉の様子を録音してもいいでしょうか。
❺ 団体交渉にある程度の回数応じた場合、その後の交渉を拒絶していいでしょうか。

A❶ 使用者には団体交渉に応じる法的義務があります。

A❷ 使用者から交渉権限を与えられ、当該団体交渉の議題について十分に事情を把握している者が出席すべきです。

A❸ 団体交渉をいつ、どこで実施するかは、労使の合意で決めます。

A❹ 録音する際は労働組合の了承を得ることをお勧めします。

A❺ 十分な討議ののち交渉が行き詰まった場合には交渉を打ち切っても不当労働行為とはなりません。

1 団体交渉の法的取扱い（Qの❶）

　労働組合が要求する団体交渉を使用者が正当な理由なく拒むことは、労働組合法7条二号により、不当労働行為として禁止されています。すなわち、使用者には団体交渉の席について交渉にあたる法的義務が課されているといえます。

団体交渉の対象事項については、使用者に処分権限があり、使用者が団体交渉に任意に応じる限り、どのような事項でも団体交渉の対象となりえますが、使用者が団体交渉を行うことを労働組合法によって義務づけられている事項（義務的団体交渉事項）には制限があります。一般的には、団体交渉を申し入れた労働者の団体の構成員たる労働者の労働条件その他の待遇や団体的労使関係の運営に関する事項であって、使用者に処分可能なものをいうとされています（本四海峡バス事件・神戸地判平成13年10月1日）。

このように労働者の労働条件に関係する限り、一般的には使用者の専権事項といえる経営・生産に関する事項であっても、義務的団体交渉事項に含まれます。たとえば、業務の下請化に伴って労働者の職場変更がある場合（明治屋事件・名古屋地判昭和38年5月6日）や工場の移転に伴って労働者の異動がある場合（エスエムシー事件・東京地判平成8年3月28日）に、義務的団体交渉事項になると判断された事例があります。

なお、労働組合が労働委員会による不当労働行為救済制度によって保護を受けるためには、当該労働組合が「労働者が主体となつて自主的に労働条件の維持改善その他経済的地位の向上を図ることを主たる目的として組織する団体又はその連合団体」（労働組合法2本文）であることに加え、自主性に関する要件（労働組合法2但書一、二）や組合規約に関する要件（労働組合法5）を満たしている必要があります。これらの要件を満たしている以上は、たとえ外部の労働組合であっても、労働組合法の不当労働行為救済既定の保護を受けるので、その団体交渉を拒むことはできません。

2 団体交渉の使用者側の主体（Qの❷）

団体交渉の当事者は使用者（個人企業における個人、会社企業における代表者）ですが、代表者以外であっても、団体交渉権限を有している者が団体交渉担当者として団体交渉に出席して交渉を担当することは可能です。「必ず社長が出席するように」などといった要求に応じる義務はありませんが、逆に「社長に聞いてみなければ回答できない」などという態度に終始し、実質的な交

渉権限のない者に交渉を担当させることは不当労働行為にあたる可能性があります。

また、団体交渉の目的に鑑みれば、担当者が、当該団体交渉の議題について十分に事情を把握していなければならないことはいうまでもありません。たとえば、弁護士に団体交渉を委任することは可能ですが、その場合でも、事実関係や使用者の見解を説明しうる担当者を同行すべきでしょう。

3 交渉の日時・場所・時間の設定（Qの❸）

団体交渉をいつ、どこで、どの程度の時間行うかは、労使の合意によって決めます。したがって、労働組合が、団体交渉の日時や場所を指定してきても、これに応じる義務はありません。

当然ながら団体交渉は業務には含まれませんので、使用者としては、所定労働時間外に団体交渉を行うよう要求すべきです。時間や参加人数についても社会通念上相当な範囲に制限することは可能でしょう。

もっとも、使用者が交渉の日時・場所等について自らの条件に固執して、団体交渉に応じなかった場合（商大自動車教習所事件・東京高判昭和62年9月8日）や、団交申入書に日時・場所の指定がないことを理由に放置した場合（東京地判昭和53年9月28日）、最近では、内部の調整がついていないとの理由で開催期日の延期を繰り返した場合（北海道地方労働委員会命令・平成7年12月26日）に、正当な理由のない団交拒否と判断された事例があります。

4 団体交渉中の録音（Qの❹）

団体交渉は、使用者と労働組合が直接話し合う方式によるのが原則です。この点に関連して、使用者が書面の交換による団体交渉に固執して直接の話し合いを拒否したことが不当労働行為に該当すると判断された事例があります（清和電器産業事件・東京地判平成2年4月11日）。

このような話し合いによる交渉内容を正確に記録するという意味では、議事録の作成と並行して、録音を行うことも一つの選択肢といえます。録音を

行うことは、使用者、労働組合の双方にとってメリットがあることなので、労働組合の了承を得たうえで録音することをお勧めします。

5 交渉の打切り（Qの❺）

　使用者の団体交渉義務には、労働者の代表者と誠実に交渉にあたる義務（誠実交渉義務）が含まれます。すなわち、使用者は、自己の主張を相手方が理解し、納得することをめざして、誠意をもって団体交渉にあたらなければなりません。労働組合の要求や主張に対する回答や自己の主張の根拠を具体的に説明したり、必要な資料を提示するなどし、また、労働組合の要求に対し譲歩することができないとしても、その論拠を示して反論するなどの努力をすべき義務があるとされています（カール・ツアイス事件・東京地判平成元年9月22日）。

　もっとも、使用者には組合の要求ないし主張を受け入れたり、それに対して譲歩する義務まではありません。

　したがって、労使双方がそれぞれ自己の主張・提案・説明を出し尽くしてもなお主張が対立し、いずれかの譲歩により交渉が進展する見込みがなく、団体交渉を継続する余地がなくなったといえる場合には、「交渉の行き詰まり」となり、使用者が交渉の継続を拒否しても誠実交渉義務違反にはなりません（池田電器事件・最判平成4年2月14日）。

　他方、一貫して組合の要求に応じる意思がないことを明確に示し、実質的な討議を行う態度もない場合（倉田学園事件・高松地判昭和62年8月27日）や、根拠や資料等を示すことなく一方的に会社回答を押しつけるだけで対立点を解消するための努力を行っていない場合（エス・ウント・エー事件・東京地判平成9年10月29日）、使用者が労働組合の要求や主張に反論するだけで、必要な論拠や資料を提示しなかった場合（シムラ事件・東京地判平成9年3月27日、普連土学園事件・東京地判平成7年3月2日、高崎紙業事件・東京地判平成18年1月30日）などは、誠実交渉義務が果たされたとはいえず、団交拒否の不当労働行為にあたると判断されています。

（船本　美和子）

Q54 労働基準監督署、労働委員会、裁判所への対応

労働紛争の解決手続きにはさまざまな種類があると聞きました。実際に、労使トラブルに関して労働委員会や裁判所、労働基準監督署といった機関から通知書や呼出状が届いた場合、会社としてどのように対応すればいいのでしょうか。

A 労働委員会から「あっせん開始通知書」が届いた場合、手続きに参加するかどうかは当事者の判断に委ねられていますが、労働委員会から「不当労働行為事件調査開始通知書」が届いた場合や、裁判所から「第1回労働審判手続期日呼出状」が届いた場合は、手続きに参加しなければ不利な判断が下される可能性があります。労働基準監督署から「是正勧告書」「指導票」が届いた場合は違反事項を是正したうえで是正報告書を提出するなどの対応が必要です。

1 労働委員会

1）あっせん

労働委員会は、合議制の行政委員会で、使用者の代表者（使用者委員）、労働者の代表者（労働者委員）、公益の代表者（公益委員）で構成されます。労働委員会には、中央労働委員会と都道府県労働委員会があります。

東京、兵庫、福岡を除く道府県労働委員会は、個別労働関係紛争のあっせん手続きを行います。この手続きでは、あっせん員が、労働者、使用者の双方から個別に話を聞くことを繰り返しながら、話し合いによる解決を図ります。

手続きには、当該事案を把握している担当者と和解の権限を有する担当者が出席すべきですが、必要に応じて弁護士が出席することも可能です。

話し合いによる解決に至れば合意書が作成されます。話し合いによる解決

の見込みがないと判断された場合には手続きが打ち切られることになります。

　労働委員会のあっせんに参加するかどうかは当事者の判断に委ねられており、労働委員会に不参加の意思を表明すれば、あっせん手続きは打ち切られることになります。この手続きに参加しなかったことで不利な決定が下されることはありません。

2）不当労働行為救済

　労働委員会は、不当労働行為事件の審査等を行う権限を有します。

　この手続きは、上記1）で述べたあっせん手続きと異なり、被申立人が出席しなくても手続きが打ち切られることはありません。被申立人は手続きに参加して積極的に主張・立証を行う必要があります。審査期日には、当該事案を把握している担当者が出席すべきですが、必要に応じて弁護士が出席することも可能です。

　労働委員会は、調査を行う手続きにおいて争点および証拠を整理し、審査の計画を定めたうえで、公開の審問廷で関係者の証言を求め、使用者の行為が不当労働行為にあたるかどうかを判断します。労働委員会が不当労働行為に該当すると判断した場合には救済命令を発し、不当労働行為に該当しないと判断した場合には棄却命令を発します。

　各命令に不服のある当事者は、中央労働委員会に再審査を申し立てるか、裁判所に命令の取消しを求める訴訟を提起することができます。再審査の申立ては命令書を受け取った日から15日以内（労働組合法27の15①）、取消訴訟は命令書を受け取った日から、使用者は30日以内（労働組合法27の19①）、労働者は6か月以内（行政事件訴訟法14①）に行う必要があります。ただし、使用者が再審査の申立てをしたときは、取消訴訟を提起することはできません（労働組合法27の19①）。

　使用者が取消訴訟を提起した場合、裁判所は、労働委員会の申立てにより、使用者に対し判決の確定に至るまで救済命令の全部または一部に従うべき旨を命じることができます（労働組合法27の20）。これを緊急命令といいます。

使用者がこの命令に違反したときは、50万円（当該命令が作為を命ずるものであるときは、不履行の日数が5日を超える場合には超過日数1日につき10万円を加算した金額）以下の過料の罰則があります（労働組合法32）。

2 裁判所

1）労働審判

　労働審判は、労働審判官（裁判官）および労働関係に関する専門的な知識経験を有する労働審判員（労働者側、使用者側から各1名）で組織される労働審判委員会が、個別労働関係民事紛争を審理し、調停を試み、調停による解決に至らない場合には、紛争の実情に即した解決を図るために必要な審判を行う裁判所における紛争解決手続きです。労働審判も、被申立人が参加しない場合でも手続きが進められますので、被申立人は手続きに参加して積極的に主張・立証を行う必要があります。

　労働審判委員会は、速やかに、当事者の陳述を聞いて争点および証拠の整理をし、原則として3回以内の期日で審理を終結しなければならないとされています。このため、第1回期日から充実した審理を行えるよう、手続きには当該事案を把握している担当者が出席して、労働審判委員会からの質問にその場で回答する必要があります。また、その前提として、第1回期日までに的確な主張、立証を行うことも極めて重要です。労働審判の申立書を受け取った場合には、速やかに弁護士に相談することをお勧めします。

　労働審判に不服がある場合は、審判書の送達または労働審判の告知を受けた日から2週間以内に、裁判所に異議の申立てをすることができます（労働審判法21①）。適法な異議の申立てがあったときは、労働審判は、その効力を失い、労働審判手続きの申立てのときに、訴えの提起があったものとみなされます（労働審判法22①）。

　上記の期限内に適法な異議の申立てがないときは、労働審判は、裁判上の和解と同一の効力を有することになり（労働審判法21④）、これに基づいて強制執行を行うことが可能となります。

2) 通常訴訟

上記1）で述べたとおり、労働審判は、個別労働関係民事紛争を対象とする手続きなので、これ以外の紛争（たとえば上司によるセクハラ事件で上司個人だけを相手方とする場合）は通常の民事訴訟によることになります。また、審判に対する異議の申立てにより通常訴訟に移行することも上記1）で述べたとおりなので、労働審判の対象となりうる事件であっても異議の申立てがされる可能性が高いような場合には、初めから通常訴訟を提起することも検討すべきです。

3 労働基準監督署

労働基準監督署は、労働基準法およびその関係法規の実効性を確保するための行政監督機関です。

労働基準監督官は、労働基準監督署に配置される専門職の監督行政官であり、①事業場に対する臨検監督、②労働者の申告の処理、③安全衛生指導や労災事故が発生した場合の災害調査などを行います。

労働基準監督官には、事業場に臨検する権限、帳簿や書類の提出を求める権限、関係者に尋問する権限などが与えられています（労働基準法101①）。また、労働基準監督官は、労働基準法違反の罪について、逮捕、差押え、捜査を行う権限もあります（労働基準法102）。

労働者は、労働基準法に違反する事実を労働基準監督官に申告することができます。使用者は、この申告をしたことを理由として、労働者に対して解雇その他の不利益取扱いをしてはならないとされ、これに違反した場合の罰則も存在します。

申告を受けて調査した結果、労働関係法令の違反があると認めた場合には、労働基準監督官は、使用者に対し、是正勧告書を交付し、法令違反とまではいえないが改善を図る必要があると判断した場合には指導票を交付します。

いずれの場合も、使用者は指定された期日までに是正し、労働基準監督署に是正報告書を提出するなどの対応が必要です。是正勧告書は行政指導なの

で、従わない場合にただちに罰則が適用されるわけではありませんが、放置し続けたような場合には、労働基準法違反の事実をもって、労働基準監督官により送検され、刑事罰を受ける可能性もあります。

（船本　美和子）

◆編　著

リソルテ総合法律事務所

　2006年に開設。一般企業法務のほか、労務管理、危機管理対応、債権回収、M＆A、事業再建、知的財産関係、海外進出支援等を取り扱う。所属弁護士は全員、幅広い案件への対応力をそなえつつも、それぞれに異なる専門分野を持つ。いかなる案件においても、スピードと品質の両立、正義の実現と依頼者の満足の両立を心がけている。

〒105-0003　東京都港区西新橋1-20-3　虎ノ門法曹ビル7階
電話　03(3502)2357／FAX　03(3502)3577／URL　http://risolute.jp/

●執筆者紹介

今村　哲（いまむら・てつ）
　　1959年生
　　1983年　明治大学法学部卒業
　　1988年　労働基準監督官
　　1992年　弁護士登録（東京弁護士会）

松田　浩明（まつだ・こうめい）
　　1964年生
　　1987年　慶應義塾大学法学部卒業
　　1993年　弁護士登録（東京弁護士会）

市川　充（いちかわ・みつる）
　　1960年生
　　1985年　東京大学法学部卒業
　　1995年　弁護士登録（東京弁護士会）

中井　寛人（なかい・ひろと）
　　1965年生

1990 年　早稲田大学法学部卒業
　　　　　株式会社ニコン入社
2000 年　弁護士登録（東京弁護士会）

菅 弘一（かん・こういち）

1964 年生
1987 年　慶應義塾大学法学部卒業
1994 年　検事任官
2007 年　弁護士登録（第一東京弁護士会）

山口 智寛（やまぐち・ともひろ）

1979 年生
2004 年　東京大学法学部卒業
2007 年　弁護士登録（東京弁護士会）

川上 邦久（かわかみ・くにひさ）

1984 年生
2007 年　東京大学法学部卒業
2008 年　弁護士登録（東京弁護士会）

櫻庭 知宏（さくらば・ともひろ）

1978 年生
2002 年　慶應義塾大学法学部卒業
2003 年　司法書士登録
2010 年　上智大学法科大学院修了
2012 年　弁護士登録（東京弁護士会）

船本 美和子（ふなもと・みわこ）

1979 年生
2002 年　東京大学文学部卒業
2011 年　北海道大学法科大学院修了
2014 年　弁護士登録（東京弁護士会）

中小企業必携 労務対応マニュアル

2018年2月5日　発行

編著者	リソルテ総合法律事務所 ©
発行者	小泉　定裕
発行所	株式会社 清文社 東京都千代田区内神田1-6-6（MIFビル） 〒101-0047　電話 03(6273)7946　FAX 03(3518)0299 大阪市北区天神橋2丁目北2-6（大和南森町ビル） 〒530-0041　電話 06(6135)4050　FAX 06(6135)4059 URL http://www.skattsei.co.jp/

印刷：亜細亜印刷㈱

■著作権法により無断複写複製は禁止されています。落丁本・乱丁本はお取り替えします。
■本書の内容に関するお問い合わせは編集部までFAX（03-3518-8864）でお願いします。
■本書の追録情報等は、当社ホームページ（http://www.skattsei.co.jp/）をご覧ください。

ISBN978-4-433-65747-5